Das Leben ist ein Pilgerweg

Abt Odilo Lechner

Das Leben
ist ein Pilgerweg

Unterwegs zu sich selbst

Herausgegeben und bearbeitet
von Michael Cornelius und Juergen Schlagenhof

Copyright © 2009 by Wilhelm Heyne Verlag, München,
in der Verlagsgruppe Random House GmbH
www.heyne.de
Redaktion: Theresa Stöhr
Herstellung: Gabriele Kutscha
Satz: Christine Roithner Verlagsservice, Breitenaich
Druck und Bindung: GGP Media GmbH, Pößneck
Printed in Germany 2009

ISBN: 978-3-453-28005-2

INHALT

DEN MÖNCH IN SICH ENTDECKEN

»Es gibt Menschen«, sagt Abt Odilo, »die sind Wanderer, ständig unterwegs, und es gibt Menschen, die sind Wegweiser.« Odilo ist ein solcher Wegweiser, ein Mensch, der Orientierung gibt, wenn man an einer Weggabelung steht und nicht mehr weiterweiß. Der 78-jährige Benediktiner würde eine solche Etikettierung natürlich mit einem Augenzwinkern von sich weisen. Dafür ist er viel zu bescheiden und auf eine Weise uneitel, wie es nur weise Meister sein können. Als passionierter Fußgänger, Radfahrer und Bergsteiger drückt er seine Einsichten lieber in einfachen Bildern aus. »Wer sich auf den Weg gemacht hat und ein Ziel sucht, braucht immer wieder eine Rast, eine Einkehr«, sagt Odilo, »sonst ermüden die Kräfte zu schnell. Das gilt für die anstrengende Bergtour genauso wie für eine Pilgerfahrt nach Santiago de Compostela und erst recht für die allergrößte Reise: die unseres Lebens.« Das Kloster ist ein solcher Ort der Einkehr. Ein Ort der Stille, ein Ort, um Kräfte zu sammeln.

Als wir uns vor Jahren das erste Mal mit der Idee für dieses Buch mit Odilo im Kloster trafen, hat er zunächst abgewunken. Er wolle kein Buch über die neue Trendsportart Pilgern machen, sagte er, dem alles Modische suspekt ist. Wie das Sinn-Hopping, von einem Wallfahrtsort zum nächsten, heute Jakobsweg, morgen nach Rom, übermorgen Lourdes, aber nicht ohne vorherige Zwischenlandung in Jerusalem! Und überhaupt: »Der Weg ist doch nicht das Ziel! Es reicht nicht, nur unterwegs zu sein. Was kommt dann, wenn man am Ziel ist?« Was nutzt das Pilgern, wenn man nicht an die Heimkehr denkt? Das sei die eigentliche Aufgabe, dass man es schafft, die Erfahrungen, die man auf dem Weg gemacht hat, mit nach Hause zu bringen in seinen Alltag. »Heim zu gehen bedeutet, mit neuer Zuversicht die kleinen Schritte des Alltags zu gehen. Anzukommen bei sich und seiner Familie, seinen Freunden.«

»Gemach, gemach«, wandten wir ein, »lieber Odilo, wie wäre es stattdessen, wenn du uns etwas über den inneren Weg zu dir selbst erzählen würdest?« Odilo, der uns erlaubt, ihn zu duzen, schweigt. Wir reden weiter: »Warum trainiert der Mönch ein Leben lang sein Herz? Warum rennen wir anderen Menschen in Fitnessstudios, statt die Muskeln unserer Seele zu trainieren?« Odilo lächelt. »Ist nicht der Mönch ein radikaler Sinnsucher in unserer Gesellschaft, ein lebenslanger Pilger auf der Suche nach Gott?«, fragen wir weiter. »Mitten in der Stadt schließt er sich hinter Mauern ein und lebt ein Leben der Kontemplation und des Verzichts.« Und wie wir so reden und reden mit Odilo über Monate hinweg, im Besucherzimmer der Abtei St. Bonifaz am Königsplatz, beim Wandern oder Zigarre rauchend oben auf dem Heiligen Berg, im Kloster Andechs, auf der Terrasse mit freiem Blick über die bayerische Weite, merken wir eines Tages, dass wir uns alle schon längst selbst auf eine Pilgerreise begeben haben für ein Buch über die großen Fragen des Lebens.

Wie finden wir unseren eigenen Weg? Was macht uns glücklich? Wie kommen wir zu unserer Mitte? Antworten darauf gibt in diesem Buch ein Mönch, der seit einem halben Jahrhundert im Kloster lebt. Er nimmt uns mit auf eine innere Reise und zeigt uns, was es heißt, die eigene Mitte zu finden. Am Beispiel der Geschichte eines Pilgers entwirft Odilo eine zeitlose moderne Anleitung, wie man mit leichtem Gepäck heiter sein Lebensziel erreichen kann. Denn schon das Packen des Rucksacks ist eine spirituelle Übung. Viele erleben das als einen Aufbruch zu sich selbst. Was brauche ich wirklich? Was lasse ich zurück? Weil der Pilger alles selbst tragen muss, beginnt die Reise mit der Kunst des Weglassens. Wer jahrelang in der Zerstreuung und im Überfluss gelebt hat, erfährt die Beschränkung auf das Wesentliche als eine Befreiung.

Schließlich sollte man sich noch gut überlegen, welche Fragen mit in den Rucksack kommen. Wer bin ich? Hat mein Weg einen Sinn? Als Benediktiner entfaltet Odilo die Weisheit einer 1500 Jahre alten Klosterregel, die von der Kunst des Loslassens und des Verzichts handelt. Und davon, wie man den Ballast des Alltags abwerfen und wieder auf seine innere Stimme hören kann.

Dieses Buch soll Sie einladen, den Mönch in sich zu entdecken. »Wir haben die Sehnsucht, unser Leben als einen Weg zu sehen, auf dem wir nicht planlos herumirren. Vielmehr soll es ein Weg sein, der zu einem Ziel führt und sich als sinnvoll erweist«, sagt Abt Odilo. »Deshalb ist die Pilgerreise, auf der man sich sein Glück erlaufen kann, ein großes Gleichnis für alle Menschen.«

Michael Cornelius und Juergen Schlagenhof

Erstes Gespräch

ÜBER DAS PILGERN

»Ein Weg wird erst dann ein Weg,
wenn ich ihn gehe.«

Das Kloster auf dem Heiligen Berg. Abt Odilo hat uns zum ersten Gespräch nach Andechs eingeladen. 1,5 Millionen Menschen besuchen den heiligen Ort jährlich. Die ersten urkundlich erwähnten Wallfahrer kamen schon im 12. Jahrhundert auf den Heiligen Berg Andechs. So darf er genannt werden, weil hier Reliquien aus dem Heiligen Land aufbewahrt werden. Im bayrischen Andechs sind das unter anderem Partikel aus der Dornenkrone Christi.

Das heute barock wirkende Benediktinerkloster wurde 1455 von Herzog Albrecht III. gestiftet. Die Anfänge der Verehrung des Andechser Heilthumschatzes reichen bis in die Zeit der Grafen von Andechs zurück, die im 11. Jahrhundert an der Stelle der heutigen Kirche eine Burg und eine Kapelle mit Reliquien besaßen. 1755, zum 300-jährigen Jubiläum des Klosters, wurde die Kirche im spätbarocken Stil des Rokoko umgebaut. Nach der Säkularisation 1803 kaufte König Ludwig I. 1846 das Kloster und gab es 1850 den Benediktinern von St. Bonifaz – so wurde das Kloster Andechs zum Wirtschaftsgut der Münchner Abtei am Königsplatz. Zeugnisse einer langen Tradition sind heute noch die alten Votivkerzen, die älteste aus dem Jahr 1556, die im Wachsgewölbe der Andechser Wallfahrtskirche zu sehen sind. In den Archiven des Klosters ist verzeichnet, dass einige Wallfahrergruppen über 870 Mal in ununterbrochener Reihenfolge Jahr für Jahr, Generation für Generation nach Andechs pilgern.

Abt Odilo möchte mit uns einen Ort seiner Kindheit besuchen und uns seinen Lieblingsweg auf dem Heiligen Berg zeigen. In Weßling, einem kleinen Ort in der Nähe, hat er während des Zweiten Weltkriegs in einem Wochenendhaus am See gelebt. Von dort aus machen wir eine Wanderung nach Andechs, sozusagen Pilgern light. Der Abt hat sein schwarzes Mönchsgewand mit einfacher Wanderkleidung getauscht. Obwohl wir Odilo, wie wir ihn familiär nennen, schon seit bald zehn Jahren kennen, überrascht uns immer wieder seine Offenheit und sein Sinn fürs Praktische. Das Kloster nennt er »ein Gasthaus Gottes auf dem Pilgerweg des Lebens«. Natürlich ist das symbolisch zu verstehen, aber man würde das typisch Benediktinische verleugnen, wenn damit nicht auch eine handfeste Brotzeit und Bier gemeint wären.

Aber noch ist es nicht so weit. Die Klosterwirtschaft mit ihren Verlockungen ist noch ein paar Kilometer und einen dreistündigen Fußmarsch entfernt. Erst die Fragen, dann das Vergnügen.

Wie oft bist du diesen Weg schon gegangen?

Der Weg nach Andechs ist einer der Wege, den ich viele Male gegangen bin. Schon als kleiner Bub wanderte ich oft mit meinen Eltern von unserem Ferienhaus in Weßling durch die Wälder und Wiesen nach Andechs. Auf der Höhe von Widdersberg gab es dann immer diesen besonderen Moment. Plötzlich tauchte der Heilige Berg in der Ferne vor unseren Augen auf.

Hast du damals geahnt, dass das einmal der Weg deines Lebens werden würde?

Es war für uns ein Ausflugsziel. Wir sind in die Kirche gegangen, und danach freute ich mich auf eine Brotzeit im Klosterbiergarten. Jetzt, wo wir hier wandern, kommen mir viele Gedanken.

Siehst du rückblickend dein Leben als Weg?

In der Erinnerung sehe ich die Wege vor mir, die ich als Kind und als Erwachsener gegangen bin. Obwohl ich mich inzwischen körperlich und geistig verändert habe, spüre ich, ich bin noch derselbe. Ich bin noch auf meinem Weg, und das ist für mich beglückend. Es gibt einen roten Faden durch alle Kehrtwendungen in meinem Leben, durch alle Irrwege hindurch. Und es gibt da jemanden, der mich kennt und mich auf meinem Weg begleitet und weiterführt. Deshalb ist für mich der Weg nach Andechs etwas Besonderes.

Der Kirchturm des Klosters, schon von weitem sichtbar, ist ein Ziel, das mir Orientierung gibt. Der Heilige Berg liegt inmitten einer Moränenlandschaft. Der Weg dorthin führt über Höhen und durch Senken. Immer wieder verschwindet die Kirchturmspitze und taucht langsam wieder auf. Zuerst sieht man die Zwiebel vom Turm und dann das ganze Kloster auf dem Berg. Für mich ist das ein Bild für den Lebensweg des Menschen. Er ist unterwegs und hat ein Ziel. Aber es gibt Zeiten und Umstände, in denen er es aus den Augen verliert. Bis er sich wieder auf sein eigentliches Ziel besinnt und seinen Weg weitergeht.

Zurzeit erlebt das Pilgern weltweit eine ungeheure Renaissance. Wie erklärst du dir das?

Für mich ist das ganz erstaunlich, wie sich immer mehr Menschen zu den alten Pilgerwegen aufmachen. Es sind vor allem die drei großen Wallfahrten, die schon das Mittelalter kannte: ins Heilige Land, nach Rom und schließlich der Pilgerweg nach Santiago de Compostela. Gerade der Jakobsweg ist in den letzten Jahren wieder populär geworden. Ich frage mich, ob dieser Trend zur Wallfahrt nur der Reise- und Abenteuerlust des postmodernen Menschen entsprungen ist. Oder der Erkenntnis, dass wir Menschen Bewegung brauchen, dass wir aufbrechen müssen aus der Kälte einer technisierten Welt und aus der Bequemlichkeit der Konsumgesellschaft? Gibt es ein Bedürfnis, Körper und Seele etwas abzuverlangen, um einen langen und mühsamen

Weg zu bewältigen? Wollen Menschen damit ausdrücken, dass sie ihr Leben lang unterwegs sind?

Vielleicht ist das Pilgern Ausdruck der Sehnsucht des Menschen, dass seine Wege einen Sinn haben sollen?

Der Seelenforscher C. G. Jung berichtet von seiner Beobachtung, »dass ein zielgerichtetes Leben im Allgemeinen ein besseres, reicheres, gesünderes ist als ein zielloses und dass es besser ist, mit der Zeit vorwärts als gegen die Zeit rückwärts zu gehen«. Dem Psychoanalytiker erscheint »der Alte, der sich vom Leben nicht

Die große Sehnsucht
Wir möchten unser Leben als einen
Weg sehen, der nicht planlos
hin und her irrt. Vielmehr soll es
ein Weg sein, der zu einem
Ziel führt.

trennen kann, ebenso schwächlich und krankhaft wie der Junge, der es nicht aufzubauen vermag«. Ein gelingendes Leben hat eine Zielrichtung, die auch den Tod mit einschließt. Der Glaube richtet sich gerade darauf, dass trotz aller Unsicherheit und Dunkelheit unser Lebensweg auf ein Ziel hin ausgerichtet ist. Es geht darum, sich vertrauensvoll auf den Weg zu machen, auf dem wir von geheimer Hand geführt werden.

Ist also der Weg als solcher das Ziel des Pilgerns?

Pilgerschaft ist gewiss ein Unterwegssein, aber eben kein zielloses. Es ist kein Umherschweifen oder Flanieren, um dieses oder jenes zu sehen und zu erleben. Der Pilger geht einen Weg, der auf ein Ziel hinführt. Darin drückt sich eine Sehnsucht aus: Wir möchten unser Leben als einen Weg sehen, auf dem wir nicht planlos hin und her irren, wo sich Orte, Begegnungen, Ereignisse nicht nur als bloße Zufälle aneinanderreihen. Der Pilgerweg ist ein Bild für unser Leben. Wir wünschen uns, dass es einen Zusammenhang und eine Richtung hat und sich als sinnvoll erweist.

Was lernt der Pilger auf seinem Weg?

Zunächst einmal, auf seine innere Stimme zu hören. Wer sich auf den Weg macht, egal ob im Kloster oder im Alltagsleben, der braucht die Bereitschaft zu hören. Benedikt sagt in seiner Regel, dass ich durch das Hören

Was lernt der Pilger auf seinem Weg?
Auf seine innere Stimme zu hören.

frei werde für etwas Neues. Es geht darum, in sich hineinzuhören: Was will ich eigentlich? Was macht mich glücklich? Wer dagegen verschlossen ist, der hört nichts. Der nimmt nicht wahr, was ihn wirklich weitertragen könnte. Die eigentliche Frage, die dahintersteht, lautet: Was suche ich und was brauche ich dafür?

16

Wie findet man zu sich selbst? Wie findet man sein Ziel?

Die Reise zu sich selbst kann nur gelingen, wenn ich an den Sinn des menschlichen Lebens glaube. Oder dass es überhaupt sinnvoll ist, nach dem Sinn zu fragen. Ansonsten wäre alles Zufall, was geschieht. Die bloße Empirie ergibt keinen Zusammenhang. Der Schriftsteller Umberto Eco hat gesagt: »Wenn ich nicht annehme, dass die Geschichte eine Richtung hat, einen Sinn macht, dann kann ich auch eigentlich die Welt und mein Leben nicht lieben. Denn dann ist kein Platz für Hoffnung.« Vielen Menschen ist dieser Sinn abhandengekommen, sie fühlen sich orientierungslos.

Im Gegensatz zum Leben ist beim Pilgern das Ziel vorgegeben.

Nur das äußere Ziel. Das innere Ziel gilt es ja erst zu finden. Das Interessante ist, dass ich mich auf einen Weg begebe, den vor mir schon viele andere gegangen sind. Bei einer Pilgerreise schwingt also immer diese Gewissheit mit, dass andere etwas gefunden haben, wonach ich auch suche. Es ist eine doppelte Bewegung: Menschen, die das Ziel in ihrem Leben verloren haben, begeben sich auf einen Weg mit einem klaren äußeren Ziel, um sich wieder selbst zu finden und zu erfahren, dass jedes Leben ein ganz einzigartiger Weg zu Gott ist. Bei einer Wanderung orientieren wir uns an Markierungen, Wegweisern und mit Hilfe von Karten. So können wir auch durch den Weg, den andere Menschen vor uns gegangen sind, etwas entdecken, was unserer eigenen Situation, dem eigenen inneren Gespür, der eigenen Berufung entspricht.

Der Aufbruch

Das Packen des Rucksacks ist auch
eine spirituelle Übung,
ein Aufbruch zu sich selbst.
Was brauche ich wirklich?
Was lasse ich zurück?
Die Reise beginnt mit der Kunst
des Weglassens.

*Die Reise beginnt ja mit etwas ganz Banalem: dem Packen des
Rucksacks.*

Das ist die erste Lektion: loslassen. Das Äußere, das
Zusammenpacken der Sachen, hilft mir auch, mich im
Inneren zu erkennen. Viele erleben das als einen Aufbruch zu sich selbst. Deswegen ist das Packen des Rucksacks auch eine spirituelle Übung. Was brauche ich

Welche Fragen der Pilger
in seinen Rucksack packt:
Wer bin ich?
Was macht mich glücklich?
Was ist eigentlich mein Lebensziel?

wirklich? Was lasse ich zurück? Weil der Pilger alles
selbst tragen muss, beginnt die Reise mit der Kunst des
Weglassens, denn der Rucksack darf nicht zu schwer
werden. Es gilt zu unterschieden, was wirklich wichtig
und notwendig ist. Wer jahrelang in der Zerstreuung
und im Überfluss gelebt hat, erfährt die Beschränkung
auf das Wesentliche als eine Befreiung. Aber selbst
wenn ich noch so viel zurücklasse, mich selbst nehme
ich immer mit.

*Wie in der berühmten Frage: Wen oder was nehmen Sie mit
auf eine Insel? Die Geliebte oder die Ehefrau? Welches Buch?
Kann und will sich heutzutage überhaupt noch jemand be-
schränken? Wollte nicht etwa ein moderner Robinson oder Pil-*

ger am liebsten alles mitnehmen? Also, statt des einen Bu-
ches gleich die ganze Bibliothek? Mehr als 200 Bücher passen
ja schon auf das neue Hightech-Spielzeug, das elektronische
Lesegerät für Bücher.

Das ist die Krankheit der Unentschiedenheit. Bei einem
Lesegerät wie dem Kindle brauche ich mich nicht zu
entscheiden, alles scheint verfügbar – zumindest solange der Akku hält. Wer sich nicht zu begrenzen lernt,
wird immer wieder abgelenkt werden, weil er immer
die Möglichkeit hat, noch dieses oder jenes auszupro-
bieren. Darin liegt eine Gefahr. Erst wenn ich mich entscheide, ob ich Goethes Faust auf die Insel mitnehme
oder lieber doch die Bibel, wird mir durch die Auswahl
klar, was ich brauche, was mir wirklich wertvoll ist. Wer
sich dieser Frage nicht stellen mag, braucht gar nicht
zum Pilgern aufbrechen.

Loslassen, Abschiednehmen vom Gewohnten, gute Schuhe.
Was braucht man noch?

Einen Kompass, damit ich mich immer wieder orientieren kann. Ich brauche auch Notproviant, denn ich
muss mich auf extreme Situationen einstellen. Das hat
der moderne Mensch vollkommen verlernt. Wir sind es
gewohnt, immer alles zur Verfügung zu haben. Aber die
Pilgerreise verlangt ein ganz anderes, genaueres Fragen:
Geht der Weg durch die Wüste? Gelange ich in Gegenden, in denen es keinen Arzt, keine Unterkunft gibt?
Wie weit können mich meine Füße tragen, ohne dass
ich Blasen bekomme?

Welche Fragen sollte man in den Rucksack packen? Wer bin ich? Was ist eigentlich mein Lebensziel?

Kant hat die drei Grundfragen, die sich jeder Mensch im Leben stellen sollte, so formuliert: Was können wir erkennen? Was sollen wir tun? Was dürfen wir hoffen? Die erste wäre, dass ich, wenn ich den Rucksack packe, meine Erkenntnismöglichkeit überprüfe. Hab ich eine Landkarte, die mir den Weg zeigt? Kann ich die Himmelsrichtungen bestimmen, vom Moos an den Bäumen? Wird's kalt? Muss ich einen Pullover mitneh-

Nur wer aufbricht,
erfährt, was ihm bleibt.

men? Oder ist es sehr heiß? Das wären also Wissensfragen für den Weg. Die andere Frage betrifft die Ethik, die wäre bei Kant die wichtigste. Gehe ich bloß zu meinem Vergnügen, lasse ich mich treiben? Oder weiß ich, mir ist etwas aufgegeben, habe ich also ein Ziel? Das brauche ich bei der Pilgerfahrt genauso wie im Leben. Und daraus ergibt sich dann die Frage: Was soll ich tun? Der Pilgerweg ist kein Spaziergang, als ginge ich nach Belieben dahin und dorthin und bliebe, wo es schön ist.

Die dritte Frage Kants: Was darf ich hoffen?

Ich kann mich nur auf den Pilgerweg machen, wenn ich mich auf das Ziel ausrichte und die Hoffnung habe, es zu erreichen. Wenn ich allerdings nur halbherzig losgehe, weil ich befürchte, alles wäre nur Brimborium, dann werde ich die Mühe und Anstrengung des Weges nicht auf mich nehmen und schnell aufgeben. Ich brauche die Hoffnung, die mir die Kraft zum Weitergehen verleiht. Dies ist eine Hoffnung, die immer mit Vernunft gepaart ist. Ich muss mich informieren, wie das Wetter wird, meine Kondition im Auge behalten und vieles mehr. Nur mit der Hoffnung allein kann ich einen schwierigen Pilgerweg nicht meistern.

Kants Frage nach der Erkenntnis bezieht sich ja nicht nur auf äußere Dinge. Dahinter steckt doch auch die Frage: Kann ich mich selbst erkennen?

Ja, das ist sehr wichtig. Die Fragen wären dann: Wer bin ich? Was steckt in mir? Was ist die Welt? Was treibt die Geschichte an? Die Beantwortung dieser Fragen hat wiederum etwas mit Hoffnung zu tun. Wenn ich die Er-

Bei sich wohnen
Ich halte es mit mir selber aus
und spüre,
was ich für mich brauche.

kenntnis gewinne, dass das Weltall unendlich groß ist und nur aus Chaos besteht, dann macht es natürlich keinen Sinn, sich auf den Pilgerweg zu machen. Denn dann bin ich nur ein Stäubchen in diesem Weltall, ein reines Zufallsprodukt. Das Universum wird wieder vergehen, mit oder ohne mich. Ganz anders ist es, wenn ich auf ein Ziel vertraue, auf das ich als Pilger zugehe. Dann kann ich auch daran glauben und die Hoffnung haben, dass die ganze Geschichte der Menschheit ein sinnvoller Weg ist. Und ich bin ein Teil von diesem größeren Zusammenhang.

Die schwerste Frage stellt sich dem Pilger erst dann, wenn er schon unterwegs ist: Kann ich es mit mir aushalten?

In der Lebensbeschreibung des heiligen Benedikt findet sich das schöne Wort *habitare secum*, er wohnte bei sich. Als junger Mönch hat er sich in eine Höhle in die Einsamkeit zurückgezogen, bis er mit sich selbst im Reinen war. Diesen Aufbruch zu sich selbst zu schaffen wäre das Wichtige. Zu sagen: Ich halte es mit mir selbst aus. Ich spüre, was ist das eigentlich, was ich für mich brauche. Die Voraussetzung dafür ist: sich für eines entscheiden und darauf die Gedanken zu richten. Darin liegt ja die Versuchung des modernen Menschen, dass er immer Ablenkung hat. Wenn er sich unwohl fühlt, dann schaut er halt fern. Und wenn ihm langweilig ist, greift er zum Telefon und ruft einen Freund an. In unserer Zivilisation ist das sehr praktisch, man muss sich nicht mit sich selbst beschäftigen, es gibt genug Zerstreuung. Das alles fällt beim Pilgern weg. Und genau darin liegt die Chance und der Reiz für viele, die sich auf den Weg machen.

Sollte man deshalb lieber alleine losgehen?

Auch das Gemeinschaftserlebnis einer Pilgergruppe ist etwas sehr Bewegendes. Wir können uns im Gespräch mit den anderen immer wieder des Weges vergewissern. Und ist es nicht wunderbar, etwas gemeinsam zu entdecken? Die Schönheit einer Aussicht oder das Naturschauspiel, wenn bedrohliche Wolken aufziehen und sich in Blitzen entladen. Ich kann mich noch gut an die fürsorglichen Ratschläge meines Vaters erinnern, die er mir als Junge gab: Wenn du mal heiraten und die Frau wirklich kennenlernen willst, dann ist es am besten, du nimmst sie auf eine Bergtour mit. Der gemeinsame Weg, auf dem ihr auch Strapazen auf euch nehmen, Gefahren meistern müsst und durchhalten lernt, der wäre die beste Probe. Ich habe diesen guten Rat nicht befolgt, weil ich ja Mönch wurde.

Sich selbst lernt man wohl am besten kennen, wenn man alleine aufbricht?

Natürlich kommt es darauf an, seinen eigenen Weg zu finden. Jeder macht sich mit seinen persönlichen Fragen und Zweifeln, mit individuellen Wünschen und Zukunftsentwürfen auf den Weg. Jeder hat ja seinen eigenen Rhythmus des Voranschreitens, sein eigenes Bedürfnis nach Vorankommen und nach rastendem Verweilen, nach meditativem Üben und wiederholendem Gebet.

Die Bibel ist voller Geschichten über Wege, die immer wieder von der Grundfrage des Menschen handeln: Was ist mein Weg? Früher oder später kommt jeder an den Punkt, an dem er sich fragt, ob sein Leben einen Sinn ergibt.

Die Frage nach dem Sinn des Lebens ist eine große Frage. Das heißt aber doch auch, dass man sie wohl nicht umfassend beantworten kann. Wenn man sein Lebensziel verloren hat, kann die Pilgerreise ein Anfang sein, das eigene Leben wieder neu zu ordnen. Schon kleine Schritte können eine Veränderung bewirken. Wer zu sich selbst wieder Ja sagen kann und die Erfahrung macht, wie es ist, wieder bei sich zu wohnen, der kann auch seine Wohnung auf eine Weise einrichten, dass er wieder Gäste mit Freude empfangen kann. Doch das kann jeder nur für sich selbst machen.

Was unterscheidet das Wandern vom Pilgern? Wenn ich einen hohen Berg besteige, habe ich doch auch ein klares Ziel.

Natürlich kann mir jede Wanderung, die konsequent auf ein Ziel gerichtet ist, solch ein Gleichnis für meinen Lebensweg werden. Wegsuche und -strapazen und

Sagen können:
Das ist mein Weg!

schließlich das Erreichen des Berggipfels können mich auch für das Ganze meines Lebensweges ermutigen und bestärken. Aber wenn das Ziel ein heiliger Ort ist, hat die Symbolik einen umfassenderen Sinn. Ich bin mir bewusst, dass das Gelingen des Lebensweges nicht allein von menschlicher Findigkeit und Tüchtigkeit abhängt, sondern vielmehr Geschenk und Führung ist.

Warum fällt es vielen Menschen so schwer, über ihr Leben zu sagen: »Das ist mein Weg.«?

Bei einer Pilgerreise sind der Weg und das Ziel vorgegeben. Das empfinden die Menschen als wohltuend. Im Leben ist das nicht so einfach. Alle Wege führen irgendwann zu einer Kreuzung, und da tun sich viele neue mögliche Wege auf, an denen wir uns entscheiden müssen. Welcher Weg ist der richtige? Wir kennen das ja auch von Wanderungen, wenn wir vor einem Wegweiser stehen. Der eine Weg ist vielleicht länger und etwas mühsamer, dafür hat er einen wunderbaren Ausblick. Der andere ist dafür kürzer, aber er führt durch eine enge Schlucht. Wenn wir uns für einen entschieden haben, kann es passieren, dass wir nicht zufrieden sind mit ihm. Es stellt sich heraus, dass da viele Pfützen sind und die Schuhe dreckig werden. Oder er ist zu son-

»Die Menschen gehen in die Ferne, um die Berggipfel zu betrachten, doch an sich selbst gehen sie vorbei.«

Augustinus

nig oder zu schattig. Die vorwurfsvollen Stimmen in unserem Kopf werden immer lauter, und wir sehen nur noch das Schlechte: »Siehst du, hättest du nur den anderen Weg genommen, der wäre viel besser und kürzer gewesen.«
Auch die großen Bibel-Geschichten über Wege erzäh-

len von Menschen, die unterwegs zweifeln und murren. Beim Zug der Hebräer durch die Wüste kommt es zum Streit mit Moses: »Warum hast du uns überhaupt aus Ägypten hierher geführt? Um uns und unsere Söhne verdursten zu lassen?«

Benedikt sagt in seiner Regel, der Mönch solle den Weg der Gebote Gottes mit Freude und Geduld gehen, auch da, wo er beschwerlich ist.

Es macht unser Leben mühsam und freudlos, wenn wir unzufrieden sind mit unserem Weg. Wenn wir an einer Wegkreuzung stehen, müssen wir die Entscheidung wagen, auch wenn wir nicht genau wissen, welcher der bessere ist. Denn es ist sinnvoller, einen Weg zu wählen und ihn zu gehen, als einfach sitzen zu bleiben oder nur hin und her zu schwanken. Ich möchte an die Geschichte vom Esel erinnern, der zwischen zwei Heuhaufen steht, die gleich weit voneinander entfernt sind. Er verhungert, weil er sich nicht entscheiden kann, welchen Haufen er wählen soll. Für viele Menschen liegt die Schwierigkeit darin, dass sie scheinbar so viele Möglichkeiten haben. Wer sich alles offenhalten will oder wer nun mal in diese und dann in jene Richtung tendiert, ist in Gefahr, keinen Weg wirklich einzuschlagen. Aber es ist ja so, dass wir nicht auf Probe leben können.

Wie wird aus einem Weg ein Weg?

Um wirklich einen Weg zu gehen, muss ich mich aufmachen und die ersten Schritte tun. Denn mein Weg

Wer mit ganzem Herzen
den Weg geht, für den er sich
entschieden hat, sagt Ja
zu dem, woran ihm wirklich liegt.
Er wird frei, weil er sich nicht
mehr in den vielen Möglichkeiten
verliert. Diese Bejahung des
Lebens setzt eine große Kraft frei:
Sobald ich andere Möglichkeiten
loslasse, kann ich mich auf meinen
Weg, auf mein Leben einlassen.
Dann wird er wirklich zu meinem
Weg, auf dem ich voranschreite.

wird erst dann ein Weg, wenn ich ihn gehe. Dazu muss ich andere mögliche Wege ausschlagen. Nur dadurch kann ich wachsen, mich entfalten und erfahren, wie mein Leben reicher wird. Wer sich mit ganzem Herzen für etwas entscheidet, sagt Ja zu dem, woran ihm wirklich liegt. Er wird frei, weil er sich nicht mehr ständig mit anderen vergleicht. Er kann sich sammeln, weil er sich nicht mehr in den vielen Möglichkeiten verliert. Dieses Ja, diese Bejahung des Lebens setzt eine große Kraft frei. Wenn ich andere Möglichkeiten loslasse, kann ich mich auf meinen Weg, auf mein Leben einlassen. Das ist mein Weg und den gehe ich jetzt weiter. Ich hoffe, auf ihm viel Schönes zu entdecken.

Viele Pilger entdecken nicht nur sich selbst, sondern auch die Schönheit der Natur neu.

Der Mensch von heute spricht von Schönheit nur selten und wenn, dann in Zusammenhang mit schönen Küchenmöbeln. Und wenn wir der Natur begegnen, haben wir verlernt zu sehen. Wir nehmen die Dinge nur noch nach ihrem Zweck wahr. Das absichtslose Schauen ist uns verloren gegangen. Der Waldbauer sieht einen Baum an und weiß gleich, wie viel Holz der nach dem Fällen ergibt. Statt einen Sonnenuntergang zu betrachten, wird er gefilmt oder fotografiert.
Dahinter steckt eigentlich die Gier nach Besitz, wir möchten einer Sache habhaft werden, sie nach Hause tragen. Auf der Pilgerreise habe ich wieder die Chance, mich von der Verzweckung zu befreien. Das Fragen hört auf: Was ist etwas wert, was hat das gekostet, was kann ich daraus machen? Der Pilger, der ja auf vieles verzich-

tet und nur das Notwendige bei sich trägt, erlebt wieder die große Freiheit des absichtslosen Schauens. Wer nichts besitzt, dem gehört im Grunde alles. Das macht ihn offen, die Schönheit der Schöpfung zu sehen.

Bin ich noch auf dem richtigen Weg?

Es wäre schön, wenn unser Leben so klar strukturiert wäre wie ein Pilgerweg. Man weiß, wohin man geht. Und wenn man lernt, mit seinen Kräften hauszuhalten, schafft man auch schwierige Etappen. Wie wichtig ist es, Rast zu machen?

Das Innehalten auf dem Weg ist ganz entscheidend. Bei einer Verschnaufpause kann ich erspüren, ob ich das richtige Tempo angeschlagen habe, mich in der Gegend umsehen und die weitere Route planen. Solches Innehalten brauchen wir auch auf den Wegen des Lebens. Ein Rückblick auf den verflossenen Tag, den vergangenen Monat, ein Aussortieren dessen, was wichtig für mich, was überflüssiger Ballast, was vielleicht zu kurz gekommen ist. Eine Stunde, ein Tag, ein paar Wochen der Stille, in denen ich frei werde, mich, eventuell auch im Gespräch mit einem anderen, zu fragen, ob ich noch auf dem richtigen Weg bin. In dieser Stille können neue Kräfte wachsen, sich neue Perspektiven zeigen. Ich merke, dass ich mich nicht nur von Tagesereignissen treiben lasse. Ich blicke wieder auf Ziele, auch auf ferne. Und ich kann Schritt für Schritt darauf zugehen. Darum geht es ja für viele beim Pilgern, herauszufinden: Was will ich eigentlich?

Was fasziniert Pilger an den Reliquien?

Am Ziel angekommen, ist der Wallfahrer ganz nah bei seinen Heiligen. Um Kraft, Heilung und Weisung zu erbitten. Die meisten Menschen kommen mit einem ganz konkreten Anliegen auf den Heiligen Berg. Sie schreiben ihre Sorgen und Erwartungen in ein Buch oder zünden einfach nur eine Kerze an und hoffen, dass ihre Wünsche erhört werden. Das alles ist Ausdruck eines lebendigen, gelebten Glaubens. Schon in der christlichen Frühzeit machten sich Pilger auf ins Heilige Land, weil diese Erde von den Füßen Jesu berührt worden ist. Darum pilgern sie auch heute noch nach Jerusalem, der Heiligen Stadt, und gehen etwa Jesu Weg nach, von der Richtstätte des Pilatus hinauf nach Golgatha, den Kreuzweg. Alle Heiliglandwallfahrten bekunden die Geschichtlichkeit des Heils. Wenn dieser Wallfahrer den Berg Sinai, den Ort des Bundesschlusses, oder die Davidstadt Jerusalem aufsucht, wenn er sich an den Stätten von Geburt, Kindheit, Taufe, Wirken und Lehren Jesu befindet und mit Jesus den Weg zur Vollendung hinauf nach Jerusalem geht, dann erfasst er hautnah, dass seine Religion nicht auf schönen Ideen oder Bildern der Fantasie beruht, sondern im geschichtlichen Ereignis wurzelt.

Reliquie heißt wörtlich übersetzt »Überbleibsel«. Drückt sich in ihrer Verehrung die Sehnsucht des Pilgers nach dem Ewigen aus?

Was bleibt vom Menschen? In den Reliquien, den Überresten der Heiligen, wird uns ein Zeichen für das vor Augen gestellt, was am Menschen unvergänglich ist.

Die Heimkehr

Auf dem Heimweg stellt sich
der Pilger drei Fragen:
Was bewahre ich im Herzen?
Was bringe ich den anderen von
meiner Reise mit?
Und: Was hat sich verändert?
Denn nach dem Glück am Ziel
der Pilgerfahrt kommt die
eigentliche Aufgabe: die Familie
und den Alltag neu zu finden.

Der Heilige war gewöhnlich in seinem irdischen Leben ohne Macht und Ansehen, missachtet oder verfolgt. Und doch wirkt gerade er weiter in der Geschichte, im Gedenken der Menschen. Die Reliquie macht sichtbar, dass es irdische Wirklichkeit ist, in der der unsichtbare Geist Gottes wirkt.

Wenn der Pilger am Ziel ankommt, was hat er dann geschafft? Ende gut, alles gut?

Es handelt sich ja beim Pilgern nicht um einen Wettkampf nach der Art: Wer läuft den Weg am schnellsten, wer kommt als Erster ans Ziel? Wer auf seine Leistung schaut, hat den Sinn des Pilgerns verfehlt. Hier gibt es keine Sieger oder Verlierer. Der Pilgerweg hat ein Ziel und ein Ende, der Lebensweg aber geht weiter. Die eigentliche Herausforderung ist die Heimkehr. Ich gehe den Weg, auf dem ich aufgebrochen bin, jetzt weiter, nicht geographisch, sondern in meinem Leben. Ich erkenne, dass ich Überflüssiges weglassen, Ballast abwerfen kann, um leichter weiterzugehen.

Die Heimkehr ist das Ziel des Pilgers?

Die Rückkehr in den Alltag ist ein weiterer wichtiger Schritt. Wer auf dem Weg gelassener und hoffnungsvoller geworden ist, kann von der Erfahrung, dass sein Lebensweg ein Ziel hat, etwas in sein normales Leben mit hineintragen. Der Jakobspilger trägt als Erinnerung daran die Muschel mit sich, in der das Rauschen des Meeres eingeschlossen ist. Somit besitzt er ein Zeichen der Ewigkeit in seinem Alltag.

Bedeutet das, dass die Pilgerfahrt im Grunde nie zu Ende geht?

Sie geht weiter. Für die Pilger des Mittelalters war der Heimweg eine nicht minder große und abenteuerliche Aufgabe wie der Hinweg. Drei Fragen sollte man sich auf dem Weg nach Hause stellen: Erstens: Was bewahre ich im Herzen? Was bleibt in meiner Seele als Bild der Reise eingeprägt, das ich nicht mehr verlieren kann?

Manchmal führt der kürzeste Weg
zu sich selbst
um die ganze Welt herum.

Das kann für jeden etwas anderes sein. Vielleicht das Licht in einer Kirche unterwegs, die Begegnung mit einem Fremden, der zu einem Freund wurde, oder die Erfahrung, dass Gott mit mir meinen Weg geht.

Und die zweite Frage?

Sie lautet: Was bringe ich den anderen mit? Nach glücklicher Heimkehr genoss einst der Jakobspilger ein ähnliches Ansehen wie der Mekkapilger in arabischen Ländern. Vom heiligen Ort brachte er etwas mit, ein Andenken oder eine Gabe. Denn die Pilgerreise ist zwar ein Aufbruch aus dem Gewohnten, aber sie ist kein Weg für sich allein. Auch in die Beziehungen, in die man wieder zurückkehrt, soll etwas vom Glanz des Heiligtums hineinstrahlen. Die Familie oder die Freun-

de haben die Abwesenheit des Pilgers schmerzlich gespürt und dürfen erwarten, dass er ihnen etwas mit-
bringt an neuer Erfahrung und neuer Weltsicht, an
einer Zuversicht, die auch ihnen gilt.

Die dritte Frage auf dem Heimweg?

Was kann ich anders machen als bisher? Die Aufgabe
des Heimkehrers ist, das Leben zu Hause neu anzuneh-
men, die Kleinigkeiten und Mühseligkeiten des Alltags
zu bejahen und sich frisch hineinzuversetzen in die Sorgen und Sehnsüchte der Zurückgebliebenen. Das Äußere bleibt zumeist dasselbe, aber das innere Ja kann
die Sicht auf die Dinge verändern. Denn alle Kleinigkeiten sind nun nicht mehr isolierte Zufälligkeiten, sondern Strecken und Stufen des einen großen Weges: Alle
kleinen Schritte gelingen aus der Kraft des Glaubens,
dem Vertrauen darauf, dass mein ganzes Leben ein Weg
zu Gott ist.

*Als Mönch bist du ein lebenslanger Pilger. Ist das nicht sehr
anstrengend?*

Benedikt fordert den Mönch immer wieder zum Laufen
auf. Wenn ein Läufer jeden Tag übt, kann er bald mit
Leichtigkeit längere Strecken zurücklegen, ohne außer
Atem zu geraten. Doch wenn er nicht weitertrainiert,
verliert er diese Leichtigkeit wieder, und bald spürt er,
wie seine Glieder träger und unbeweglicher werden.
Der Weg, den der Mönch als innerer Pilger laufen soll,
ist am Anfang anstrengend, sagt Benedikt. Aber wenn
der Mönch die Schwierigkeiten und Härten zu Beginn

»Was kann beglückender
für uns sein
als das Wort des Herrn,
der uns einlädt?
Seht, in seiner Güte
zeigt uns der Herr den Weg
des Lebens.«

Regel des heiligen Benedikt,
Prolog

gemeistert hat und mit Ausdauer und Beständigkeit die Achtsamkeit auf dem Weg einübt, dann wird das Herz weit, und er kann mit Freude und mit der Schnelligkeit der Liebe weitergehen. So wird das Laufen eine Sache des Herzens, der inneren Bereitschaft, das Rechte zu erspüren und sich von der Liebe bestimmen und tragen zu lassen.

Gilt das auch für den normalen Pilger? Kann man sich das Glück erlaufen?

Das gilt für alle Kunst des Lebens. Das Glück ist auch eine Fertigkeit, die sich üben lässt. Der, der sich täglich neu auf den Weg macht, wird immer besser. Die modernen Worte Training und Fitness haben das alte Wort Tugend ersetzt, das heute aus der Mode gekommen ist. Tugend bedeutet ursprünglich die Tüchtigkeit, Gutes zu tun und das Leben zu meistern. Es bedeutet nicht, dass ich mich möglichst viel anstrengen muss, sondern dass ich zu der Kraft und Tüchtigkeit gelange, die mir das Schwere leicht macht.

Zweites Gespräch

ÜBER DEN WEG DES LEBENS

»Nicht alles, was uns Glück verspricht,
ist auch tatsächlich zu unserem Wohl.«

Das Kloster ist für Benedikt eine Schule des Hörens. Deshalb beginnt seine Regel mit dem Wort *obsculta*. Im Hören-Können zeigt sich das Wesen des Menschen, seine Würde und seine Größe. »Höre, neige das Ohr deines Herzens«, lesen wir im Prolog. Das Hören ist für Benedikt eine Disziplin des Herzens. Heute würde man es modisch »awareness«, Achtsamkeit, nennen. Der Mönch soll ein Liebender werden, einer, der mit dem »Ohr des Herzens« hören kann. All das steckt in dieser simplen Aufforderung: Höre!

Bis heute hat sich diese innere Haltung des Mönchs in einem äußerlich sichtbaren Ritual erhalten, das selbst den häufigen Besucher im Kloster immer wieder fasziniert. Als wir in Andechs im alten Speisesaal neben den Mönchen Platz genommen haben, wird es plötzlich still vor dem Essen. Die Mönche streifen die Kapuze über den Kopf. Sie schweigen dabei und richten ihren Blick für eine Minute nach innen. So wird die Kapuze des Mönchs zu einem Werkzeug der spirituellen Sammlung. Wenn er sie aufsetzt, kann er nicht mehr nach rechts und links schauen und wird nicht abgelenkt. Sie ist für jeden sichtbares Zeichen eines Lebens in der Stille, in die sich der Mönch zurückzieht, um mit dem Herzen zu hören, was Gott von ihm will.

Nach dem Essen sitzen wir zum Interview auf der nur für die Mönche zugänglichen Terrasse oberhalb des Klostergartens. Odilo musste nach dem Gebet im Oratorium noch etwas erledigen und erscheint mit

Verspätung. Ein Notfall hat ihn aufgehalten. Ein verzweifelter Vater bat wegen eines plötzlichen Todesfalls um ein seelsorgerisches Gespräch. Nach unserem Treffen, so erzählt er, wird er an diesem Sonntag eine Trauung in Andechs abhalten. Vom Ausschank der Klosterwirtschaft unter uns hört man das Klappern der Bierkrüge und Blasmusik. Zur Trachtenwallfahrt sind an diesem sonnigen Sommertag Gruppen aus ganz Bayern angereist. Wir kennen keinen besseren Ort, um mit Odilo über den Weg und das Ziel des Lebens zu sprechen.

Der Weg ist die zentrale Metapher beinahe aller Glaubensrichtungen. Buddhas Pfad zur Erleuchtung, das Dao des Taoismus, Benedikts vitae, *um nur einige zu nennen. So verschieden diese Wege auch sein mögen, eines haben sie gemeinsam: Alle führen zunächst einmal nach innen.*

Wenn ich die Wahrheit suche, muss ich mich auf den Weg zu mir machen, zu dem, was in mir ist. Das ist der Weg nach innen. Wir können das Meditation nennen,

Der Weg zu mir
Wenn ich die Wahrheit suche,
muss ich in meinem
Inneren anfangen.

ich bevorzuge aber das Wort *innern*. Das bedeutet, ich gehe in mein Inneres hinein, suche die Erinnerung an das, was in mir gespeichert ist. Der Sprachforscher und Theologe Friso Melzer hat dafür den Begriff *Innerung* geprägt, als Gegensatz zur Äußerung. Wenn wir anderen etwas aus unserem Inneren mitteilen, also Gefühle, Gedanken, Erkenntnisse äußern, können wir auch *innern*.

Wie? Indem wir Selbstgespräche führen?

41

Der Weg nach innen beginnt mit einem Innehalten. Das ist für viele Menschen das Schwerste. Sich frei zu machen von den äußeren Einflüssen und Reizen, Zerstreuungen und enormen Möglichkeiten. Ich kann in Beschlag genommen sein von dem vielen, das von außen über mich hereinkommt, den Nachrichten, dem Fernsehen, der Werbung, den Anrufen. Aber letztlich lässt sich das, was von außen auf mich eindringt, nur von innen her beurteilen. Was recht und unrecht, gut oder schlecht ist. Augustinus sprach vom *magister interior*, also dem inneren Lehrer, der uns empfinden lässt, was wirklich wahr ist. Aber diese innere Stimme können wir erst hören, wenn wir ganz still werden und den Lärm des Außen zurücktreten lassen.

Jeder, der schon einmal meditiert hat, weiß, wie schwer es ist, still zu werden. Wie lernt man, den Strom der Gedanken zu zügeln?

Ich muss ruhig werden, mich dem Atem überlassen, bis ich mein Inneres spüre. Dabei werden viele Gedanken in uns aufsteigen. Wir haben den Eindruck, dass unsere Wege hin und her gehen, dass wir dahin und dorthin getrieben werden. Dass eigentlich von uns selber nichts bleibt. Dass der, der da geht, zu kurz kommt. Wir fragen uns, bin ich es noch, der den Weg geht? Bin ich es, der den Weg wählt? Beim Innehalten machen wir eine merkwürdige Erfahrung. Ich bin nicht so etwas wie ein Stein. Auch wenn ich mir manchmal so schwer vorkomme, so festgelegt. Ich spüre, es geht ein Weg durch mich hindurch. Wenn ich still werde, merke ich, wie ich atme. Mit dem eigenen Atem spüre ich auch die eigene Tiefe. In mir ist ein Weg, und dieser Weg, das bin ich. Einatmen, ausatmen, nehmen und geben, das ist das Grundgesetz des Lebens. Im Letzten spüre ich dabei, dass ich ganz bei mir selbst bin, weil ich zugleich aufnehme und wieder loslasse.

Und was finden wir in unserem Inneren? Gott oder das blanke Nichts, das Nirwana?

Ich könnte jetzt sybillinisch oder wie ein Guru antworten: Finde es heraus! Wichtig ist, dass ich als Übender das auch zulasse, was in mir aufsteigt, das finde, was immer schon in meiner Seele ist. Das kann die Sehnsucht nach dem Absoluten, nach Unendlichkeit sein.

»Die Wahrheit ist ein Land ohne vorgegebene Wege«, hat der indische Weise Krishnamurti gesagt.

Jeder erfährt im Inneren seinen eigenen Weg. Da ist immer etwas Schwebendes dabei, weil ja alle Erkenntnis nicht ein in Stein gemeißelter Ausdruck ist, sondern eine Begegnung, ein Dialog. Wie merke ich, dass ich ich bin? Ich merke es in der Erinnerung und auch in der Erwartung, dass ich vorausdenke, dass ich mir einen Weg entwerfe in die Zukunft hinein. Dabei spüre ich, dass dieses Ich mit Vergangenheit und Zukunft zusammenhängt. Beim Einatmen, Ausatmen erfahre ich auch, dass nicht nur der Atem, der lebensspendende Sauerstoff von außen kommt. Sondern dass auch meine Seele berührt wurde von jemand anderem. Der mich angerufen hat als Kind. Der mir einen Namen gegeben hat, als ich gespürt habe, da bin ich gemeint. Der zu mir

Der Weg zum Glück
Die Pilgerreise,
auf der man sich sein Glück
erlaufen kann,
ist ein großes Gleichnis
für unseren Lebensweg.

du sagt – dann kann auch ich zum anderen du sagen. Diese Beziehung macht den Menschen aus. Er lebt in der Beziehung, er lebt in der Sprache, er lebt im Angesprochenwerden und im Antworten. Für mich ist das das Geheimnis des Glaubens, dass ich immer schon angerufen bin. Dass ich in meiner Tiefe spüre, da ist ein Ruf an mich: Du sollst das sein. Und ich bin angesprochen, damit ich Antwort gebe.

Führt der Weg nach innen automatisch zu Gott?

Es gibt keinen Automatismus und auch keine Landkarte für die Wahrheit. Der Weg nach innen ist auch der Weg in eine letzte Tiefe, die über mein eigenes Ich, über das Bewusstsein hinausführt. Eine letzte Tiefe, von der ich als Mönch, als Mensch sagen kann: Da bin ich zu Hause. Ich könnte auch sagen: Im Ewigen bin ich zu Hause.

In dem Wort »Wohlergehen« steckt, dass man sich das Wohl ergehen muss, hast du einmal gesagt. Muss sich der Mensch auf den Weg machen, um sein Glück zu finden?

Der Mensch ist ein *homo viator*, einer, der wandert, unterwegs ist, einen Weg zurücklegt. Wir können nur leben, indem wir uns bewegen. Von einem Ort zum anderen. Als Kind habe ich geglaubt, hinter den Bergen höre die Welt auf. Und dann macht man die Erfahrung, je näher man dorthin kommt, desto weiter geht's. Es gehört zur Natur des Menschen, dass er immer weitergeht. Auch in den Gedanken. Er bleibt nicht in seinem Geviert, sondern kann denken, dahinter kommt wieder was. Längst kann der Mensch die Erde verlassen – mit dem Auge schon immer, mit dem Fernrohr guckten schon die Alten zur Milchstraße und fragten sich, wie könnte es dahinter aussehen.

Juri Gagarin, der erste Mensch im All, gab 1961 nach seiner Rückkehr zur Erde zu Protokoll: »Ich habe Gott dort nicht gefunden.«

Ich kenne einen ähnlichen Witz. Sagt der Astronaut: »Ich habe Gott im Weltraum nicht getroffen, obwohl ich schon so oft dort war.« Sagt der Hirnchirurg: »Und ich habe schon so viele kluge Menschen operiert und nicht einen einzigen klugen Gedanken gefunden.«

Wir fragten nach dem Glück …

…, das man sich ergehen muss. Aber was ist Glück? Der französische Jesuit und Philosoph Teilhard de Chardin hat die Verschiedenartigkeit unserer Glücksvorstellun-

Wer bin ich?
Der Mensch ist ein *homo viator*, der wandert und unterwegs ist.

gen mit dem Verhalten von Menschen verglichen, die frühmorgens zu einer Bergtour aufgebrochen sind. Bereits bei der ersten Anhöhe kann man beobachten, wie verschieden die Menschen sind. Die einen geben auf und beschließen, wieder umzukehren, weil sie merken, es ist furchtbar anstrengend und kostet Schweiß. Lieber wollen sie sich unten im Tal wieder schlafen legen. Deren mageres Glück besteht darin, möglichst viel Ruhe zu haben.

Die anderen Wanderer stehen mit glänzenden Augen auf der Anhöhe, entdecken einen Bergbach und strecken die Füße hinein. Das ist angenehm kühl und sie hören den Vögeln zu. Das sind die Menschen, die den Augenblick genießen. Das ist ein recht schönes Glück. Aber auf Dauer? Dann gibt es noch die Dritten, die haben nicht vergessen, wozu sie aufgebrochen sind. Sie schauen hinauf zum Gipfel, sie wissen, das kostet noch manche Mühe, aber sie sind von diesem Ziel, von diesem Glück begeistert. So brechen sie freudig in dieser Begeisterung auf. Das, sagt Teilhard de Chardin, sind die wahrhaft glücklichen Menschen: die von einem großen Ziel begeistert sind.

Viele sagen: Der Weg ist das Ziel.

Diesen Spruch kann ich nicht unterschreiben. Es ist zwar sicher wichtig, dass wir auf dem Weg sind, aber ich kann sinnvollerweise nur den Weg gehen, wenn ich ein Ziel wähle. Das Unterwegssein, im alltäglichen wie im spirituellen Sinn, braucht ein Ziel, auf das wir zugehen.

Der moderne Mensch findet sein Ziel ganz einfach mit einem Navigationsgerät.

Das ist für mich, der ich keinen Führerschein habe, ganz erstaunlich, wenn ich in einem Auto mit Navigationssystem mitfahre. Mich verwundert das jedes Mal aufs Neue, wie eine Stimme den Weg durch den Dschungel einer fremden Großstadt exakt beschreiben kann. Der Fahrer hat ein Ziel eingegeben, und die

Der Weg ist nicht das Ziel
Wir brauchen ein Ziel,
auf das wir zugehen können,
sonst hat der Weg
keinen Sinn.

Stimme sagt ganz genau, wo wir abbiegen müssen, und sogar, wann wir dort ankommen. Aber am meisten erstaunt mich, was passiert, wenn der Fahrer falsch gefahren ist. Er hat nicht aufgepasst oder meinte, es besser zu wissen. Das Navigationssystem stellt sich sofort um, und die Stimme bleibt freundlich. Sie schimpft nicht und trägt gar nichts nach. Sie sagt nur, da, wo du jetzt bist, von diesem Punkt aus, musst du diesen Weg nehmen. So, denke ich, ist das auch in unserem Leben. Zu dem, der glaubt, sagt Gott: Jetzt geht es von diesem Punkt aus weiter. Auch von hier aus kommst du zum Ziel.

Gehört das Sich-auf-den-Weg-Machen zum Wesen des Menschen?

Bevor wir losgehen können, müssen wir erst mal stehen lernen. Die Grundanlage des Menschen ist, dass er sich aufrichtet. Das Baby kann zunächst nur krabbeln, dann ist es Monate später ein ungeheurer Fortschritt, wenn sich das Kind in seinem Laufstall aufrichtet. Der Moment, wenn es sich am Gitter hochzieht und auf einmal stehen kann, ist ein kleines Wunder. Damit beginnt alles: Der kleine Mensch wird selbst*ständig*. Das ist die wichtigste Bedeutung von Selbstständigkeit. Wir streben danach, stehen zu können – und das heißt ja zugleich, dass wir gehen können.

Wenn man so will, handelt die Bibel im Grunde von nichts anderem als vom Unterwegssein: durch die Wüste, zur Wahrheit, ja sogar durch den Tod hindurch zum Leben.

Die Apostelgeschichte gibt den Jüngern Christi einen Namen: diejenigen, die den Weg gehen. »Der neue Weg« ist der Weg zu Gott. Wie Jesus sagt: »Ich bin der Weg, die Wahrheit und das Leben.« Er ist nicht nur die Wahrheit des Lebens, er ist auch der Weg.

Vor dem Gehen kommt das Stehen, hast du eben gesagt. In der Bibel wird immer wieder davon erzählt, wie ein Engel jemandem die Hand reicht und sagt: »Komm, richte dich auf.«

Das Heilen Christi ist ja auch immer ein Aufrichten, dass der Mensch seine eigentliche, ihm zukommende Haltung einnimmt: das Aufrechtstehen. Wie beim Gießen einer Blume, die matt geworden ist und sich wieder erfrischt aufstellt. Aufrichtig, ehrlich sein hängt ja damit zusammen. Wir sagen jemandem unser aufrichtiges Beileid oder bedanken uns für die aufrichtigen Worte. Wir spenden Trost und geben einem Menschen

Der Weg ist ein uraltes Symbol.
In der Apostelgeschichte
bekommen die frühen Christen
einen Namen:
die Anhänger des neuen Weges.

in Not wieder Kraft, wenn wir ihm in die Augen schauen. Das alles hat eine aufrichtende Wirkung.

Was wäre das Gegenteil vom aufrechten Menschen? Der bucklige, hinkende Bösewicht?

Theologisch gesehen ist der sündige Mensch der gekrümmte. Wie ein Wurm. Im Psalm heißt es: »Ein Wurm bin ich, kein Mensch.« Der aufrechte Mensch ist der von Gott aufgerichtete Mensch, der sich seinem Schöpfer zuwendet. Und der Mensch, der sich verweigert, ist der, der sich in sich krümmt. Der in sich versponnen bleibt. Die Heilung, die Lösung ist immer das Sichaufrichten. Das wahre Aufrichten, die wahre Aufrichtigkeit besteht also darin, dass ich anerkenne, dass ich mich nicht selber mache, auch nicht alles mache, sondern dass ich empfange und aufgerichtet werde. Wenn wir uns darauf einlassen, können wir wir selber werden und werden zugleich von uns selbst befreit.

Jakob erscheint im Traum eine Himmelsleiter, auf der er Engel auf- und niedersteigen sieht. Ist das ein Bild für den Weg und das Ziel des Menschen?

Es ist zunächst ein Bild für den Aufstieg. Der aufgerichtete Mensch steigt über die zum Himmel aufgerichtete Leiter auf. Und auch für den Abstieg, der paradoxerweise zugleich ein Aufstieg ist.

Inwiefern?

Der Aufstieg

Bergsteigen als ein Sinnbild des
Lebens. Ich mache mich im Tal auf,
dann geht es ständig bergauf,
bis sich der Wald lichtet. In der Ferne
sehe ich den Gipfel vor mir
und weiß, es ist nicht mehr weit.
Der Aufstieg fällt schwer,
aber mit jedem Schritt komme ich
meinem Ziel näher. Wenn ich
den Gipfel endlich erreicht habe,
ruhe ich mich glücklich oben aus
und genieße den Blick in Berge und
Täler. Der Himmel scheint
ganz nah. Aber ich kann nicht ewig
oben bleiben.

Ein Ankommen, ein Nach-Hause-Gehen. Der heilige Benedikt stirbt aufgerichtet, wie Gregor der Große berichtet. Er lässt sich in das Oratorium bringen, »die schwachen Glieder gestützt auf die Arme der Jünger, die Hände zum Himmel erhoben, hauchte Benedikt, der Geliebte des Herrn, unter Worten des Gebets seinen Geist aus«. Zwei Mönche beobachteten, »wie er auf einer Straße, die mit Teppichen belegt und von zahllosen Lampen erhellt war, in den Himmel emporstieg«. Da findet sich das Bild der Jakobsleiter wieder. Und noch etwas fällt auf. Er betet mit erhobenen Händen. Das lässt ihn in seinem Sterben Kreuzesgestalt annehmen. Für mich ist das Kreuz ein Symbol für die Wege, die wir als Menschen gehen, vertikal, horizontal, nach außen, nach innen …

… und nach oben. Bist du deshalb ein passionierter Bergsteiger?

Bergsteigen ist für mich eines der großen Lebensbilder. Ich mache mich im Tal auf, dann geht es ständig aufwärts, bis sich der Wald lichtet. Auf einmal sehe ich in der Ferne den Gipfel vor mir und weiß, ich gehe meinem Ziel entgegen. Der Aufstieg ist schwer, aber dieser Weg nach oben ist eine schöne Erfahrung. Mit jedem Schritt komme ich meinem Ziel näher. Wenn ich die Bergspitze endlich erreicht habe, bin ich glücklich. Jetzt bin ich oben angekommen. Ich ruhe mich aus und genieße den Blick in die Weite. Berge und Täler liegen vor mir, und der Himmel scheint ganz nah.

Aber man kann leider nicht ewig oben bleiben, oder?

Der Abstieg

Der Weg hinunter ins Tal ist auch
ein schöner Weg. Der Abstieg
ist gewöhnlich leichter, der Blick
auf die Welt ändert sich.
Auf dem Gipfel war noch alles ganz
fern, je weiter ich hinunterkomme,
umso besser erkenne ich
Einzelheiten. Das, was von oben
noch klein war, kommt näher und
wird größer. Ich sehe mehr und
mehr von dem, was mir vertraut ist
und meine Welt ausmacht.

Es geht im Leben nicht immer nur aufwärts, richtig. Da, wo es das Aufsteigen gibt, gibt es auch das Absteigen. Doch dieser Heimweg muss nichts Betrübliches an sich haben. Der Abstieg, der Weg hinunter ins Tal, kann auch ein schöner Weg sein. Das Abwärtsgehen ist gewöhnlich leichter, der Blick auf die Welt ändert sich. Auf dem Gipfel war noch alles weit, je näher ich ins Tal komme, umso mehr sehe ich Einzelheiten. Das, was von oben noch so klein war, ist jetzt ganz nah. Ich erkenne ein Dorf, Häuser und sehe mehr und mehr von dem, was mir vertraut ist und meine Welt ausmacht.

Auch im Leben gibt es Abstiege. Die kleinen Abstiege von der Höhe wieder herab, vom Erfolg in den Alltag. Und die unausweichlichen Wege, vor denen wir Angst haben. Die Zeit schreitet voran, wir werden älter und sehen, dass wir nicht mehr alles verwirklichen können, wovon wir geträumt haben. Wir können nicht mehr alles festhalten, was wir erreicht haben. Es gibt verpasste Gelegenheiten und schmerzliche Verluste, mit denen wir leben müssen. Wir machen die Erfahrung: Wir können nicht immer nur mehr haben.

Und dann? Was können wir tun?

Es gibt darauf keine einfache Antwort. Die mittelalterlichen Mystiker beispielsweise sahen eine Chance der Umkehr. Der Lebensweg des Menschen verläuft wie die Kurve eines Bogens. Am Anfang beschreibt der Bogen eine aufsteigende Linie. Aus dem Nichts kommt der Mensch auf die Welt, er wird größer und entfaltet sich immer mehr, in jeder Beziehung, körperlich, geistig, an Ansehen. Irgendwann erreicht der Bogen seinen höchsten Punkt. Dieser Scheitelpunkt steht für die Mitte des Lebens. Der Mensch hat sich in der Welt eingerichtet und steht in seiner vollen Blüte. Zugleich spürt er, dass es jetzt allmählich wieder abwärts geht.

Die Überschreitung des Höhepunkts kommt bei manchen Menschen, wie etwa bei einem Fußballer oder einem Starlet, relativ früh. Andere, wie etwa Politiker oder Schriftsteller, erreichen den Gipfel der Macht oder

»Miss nie des Berges Höhe,
ehe du den Gipfel erreicht hast.
Dort wirst du sehen,
wie niedrig er ist.«

Dag Hammarskjöld

des Ansehens relativ spät. Aber irgendwann kommt für jeden die Zeit, wo er einsehen muss, von nun an geht es abwärts. Andere wachsen nach, sind tüchtiger, schneller. Die Schönheit vergeht, man sucht sie noch zu halten, man versucht sich noch zu beweisen. Man will zeigen, dass man noch Kraft hat, dass man noch begehrenswert ist. Aber die Kurve des Lebensbogens nimmt ihren Verlauf und neigt sich. Bis man kleiner und geringer wird und schließlich hilfsbedürftig wie ein Kind. Dann kommt unweigerlich das Ende.

Klingt deprimierend, wenn man sich diesen Bogen vor Augen führt. Was ist mit der Umkehr?

56

Die Mystiker haben das Leben des Menschen auch noch mit einem anderen Bogen verglichen. Der Verlauf dieses Bogens beschreibt eine Linie, die von oben nach unten absteigt und dann wieder nach oben verläuft. Das Leben ist ein Geschenk Gottes und fängt im Himmel an. Während der Mensch heranwächst, senkt sich der Weg des Lebens langsam hinein in die Niederungen der materiellen Welt. Als Erwachsener schließt er Kompromisse und weicht zusehends von seinen Idealen ab. Je mehr er an Macht gewinnt, desto mehr wird er auch hineingezogen in fragwürdige Abhängigkeiten und Geschäfte.

Das ist der Tiefpunkt. Der Bogen, der sich hineingesenkt hat in die Geschäfte dieser Welt, macht an dieser Stelle eine Kehre, eine Wendung nach oben. Der Mensch, dessen Lebensweg diesem Bogen folgt, hat an diesem Punkt die Möglichkeit, seinem Leben eine andere Ausrichtung zu geben. Das wäre die Umkehr. Er sieht, es geht im Ansehen, in der Macht und im Materiellen nicht immer weiter aufwärts. Aber da ist die Einsicht, dass es eigentlich darauf gar nicht ankommt, weil jetzt anderes wichtig ist. Er kann vieles loslassen, was ihn belastet hat. Er wird einfacher, schlichter und kann sich wieder über die kleinen Dinge des Lebens freuen. Er wird offener und weiß, er hat das Eigentliche noch vor sich. Das ist die Kunst, in der Lebensmitte den Absprung zu schaffen. Von dem einen Bogen, der aufwärts und dann abwärts führt, zu dem anderen, der wieder nach oben, nach Hause, zu Gott führt.

In einem Buch hast du das das »Geheimnis des Kleinerwerdens« genannt. Was meinst du damit?

Das Geheimnis des Kleinerwerdens

Wir haben Angst zu verlieren, abzusteigen. Das Geheimnis des Kleinerwerdens ist in Vergessenheit geraten. Erst wenn wir erkennen, dass es im irdischen Bereich nicht immer nur weiter aufwärts gehen kann, sehen wir die Schönheit des Klareren und Schlichteren. Das Leben in all seinen Kompliziertheiten und Verstrickungen wird einfacher, wenn der Mensch lernt loszulassen.

Wir haben Angst zu verlieren, abzusteigen. Und doch gilt es, das Geheimnis des Kleinerwerden zu entdecken. Wenn wir erkennen, dass es im irdischen Bereich nicht immer nur weiter aufwärts gehen kann. Es gibt kein unbegrenztes Wachstum, das gilt für jeden einzelnen Menschen – wie für die ganze Wirtschaft. Die Ressourcen der Erde und die meines eigenen Lebens sind irgendwann aufgebraucht. Aber es zählt auch ein anderes Wachstum im Leben. Der Mensch, der älter wird oder in der Krise der Lebensmitte steht, merkt, dass seine Kräfte nachlassen, und spürt, dass nicht mehr alles in seinen Händen liegt. Das ist der Moment, in dem sich etwas Wichtiges vollziehen kann. Er merkt: Ich brauche nicht mehr so vieles. Es geht auch mit weniger. Das Leben in all seinen Kompliziertheiten und Verstrickungen kann einfacher werden, wenn der Mensch lernt loszulassen. Ich meine die Schönheit des Kleinen, des Einfacher- und Schlichterwerdens. Auch auf einem mühsameren Weg lässt sich viel Neues entdecken.

In der Regel erklärt Benedikt die Demut am Beispiel der Jakobsleiter: »Durch Selbsterhöhung steigen wir hinab und durch Demut hinauf. Die so errichtete Leiter ist unser irdisches Leben. Der Herr richtet sie zum Himmel auf, wenn unser Herz demütig geworden ist.« Müssen wir also kleiner werden, um groß zu sein?

Das ist das Absteigenkönnen, das Kleinerwerdenkönnen. Der Abstieg verwandelt sich in einen Aufstieg. Die Erfahrung, dass das irdische Leben endlich und begrenzt ist, macht offen für das Größere. Und im Kleinerwerden vollzieht sich etwas ungemein Tiefes. Wir

Die Demut

Der heilige Benedikt erklärt seinen Brüdern die Demut anhand der Jakobsleiter: Wenn wir Demut üben wollen, »dann ist durch Taten, die uns nach oben führen, jene Leiter zu errichten, die Jakob im Traum erschienen ist. Auf ihr sah er Engel herab- und hinaufsteigen. Ganz sicher haben wir dieses Herab- und Hinaufsteigen so zu verstehen: Durch Selbsterhöhung steigen wir hinab und durch Demut hinauf.

Die so errichtete Leiter ist unser irdisches Leben. Der Herr richtet sie zum Himmel auf, wenn unser Herz demütig geworden ist.«

Benediktusregel

spüren, dass wir wirklich klein sind. Endlich. Begrenzt. Aber dass es das Größere gibt.

Jesus sagt: »Wer sich selbst erniedrigt, wird erhöht werden.« Ist das eine Definition von Demut?

Für mich ist das die zentrale Botschaft Jesu. Wer sich ganz klein machen kann, wird für das Große ganz bereit. Das ist es, was uns Demut sagen will. Für Benedikt ist Demut das Wichtigste, die Grundhaltung des Mönchs. In seiner Regel widmet er ihr das längste Kapitel und gebraucht dafür das Bild der Jakobsleiter. Er erzählt vom Traum des Patriarchen Jakob auf der Flucht, von einer Leiter, die von der Erde zum Himmel aufgerichtet ist, von Engeln, die darauf auf- und niedersteigen. Benedikt sagt, dass wir in dieser Leiter die zwölf Stufen der Demut sehen dürfen. Die Seiten der Leiter sind unser Leib und unsere Seele. Auf den Sprossen steigen die Engel auf und nieder. Das heißt, dass das Geheimnis des Lebens nicht einfach der Aufstieg ist, sondern dieses Wechselspiel. Dass es im Christentum nicht um das höher Hinaufsteigen des Menschen geht, sondern dass Gott selbst sich herabgelassen hat. Dass Gott niedersteigt, das findet seine Entsprechung im menschlichen Leben: dass ich klein werden muss, um groß zu sein. Dass ich klein werden muss vor dem Großen.

Benedikt spricht von den »zwölf Stufen der Demut«. Was ist damit gemeint?

Unsere Klosterregel ist natürlich keine Bedienungsanleitung für die Himmelsleiter, in der man lernt, Stufe für

Stufe immer weiter nach oben zu klettern. Benedikt spricht über die Demut bescheiden davon, »durch Taten, die uns nach oben führen, jene Leiter zu errichten, die Jakob im Traum erschienen ist«. Die zwölf Stufen der Demut erklärt er als den Weg, auf dem man lernt,

Die Einladung

»Wer ist der, der das Leben liebt
und gute Tage zu sehen wünscht?«,
fragt der heilige Benedikt.
Dies ist die Einladung,
sich »auf den Weg des Lebens«
führen zu lassen.

vor der Größe Gottes klein zu sein, seine Gegenwart zu spüren, zu gehorchen und auch das Widrige auf sich zu nehmen. Wer Fortschritte in der Demut gemacht hat, handelt aus Liebe. Er vollbringt am Ende dieses Weges das mit Leichtigkeit, was am Anfang noch schwer war.

Warum wachsen einem durch beständiges Üben Flügel?

Das ist ein Phänomen, das jeder erfährt, der beharrlich ein Ziel verfolgt, eine Sprache oder Klavierspielen lernt. Das Schwere wird auf einmal leicht. Auch für Liebende ist das so. Wer im Glauben den Weg voranschreiten kann, dem wird das Herz weit. Benedikt sagt, dass der Mönch lernt, den Weg Gottes in der Schnelligkeit und

Freude der Liebe zu laufen. Dabei kommt es nicht auf die äußere Geschwindigkeit an, sondern auf die innere Laufbereitschaft des Herzens.

Sind Mönche die besseren Menschen?

Mönche sind wie alle anderen Menschen auch. Wir alle haben den Wunsch nach Glück. Wir dürfen und sollen danach verlangen, dass es uns gut geht und dass wir uns wohlfühlen. Aber nicht alles, was uns Glück verspricht, ist auch tatsächlich zu unserem Wohl. Benedikt sucht gleich zu Anfang nach dem Glück, der Seligkeit und dem Wohlergehen des Menschen: »Wer ist der, der das Leben liebt und gute Tage zu sehen wünscht?«, fragt er in Anlehnung an Psalm 34. Was in unseren Ohren nach Werbung für Wellness klingt, bedeutet für Benedikt die Einladung, sich »auf den Weg des Lebens« führen zu lassen. Was aber macht uns glücklich? Sind wir zufrieden, wenn wir viel Geld haben? Wenn uns alle Beifall klatschen und uns immer zum Lachen zumute ist? Sind wir noch offen für das eigentliche Glück, wenn wir alles erreicht haben und ganz gesättigt sind? Für Benedikt liegt der Schlüssel für ein gelingendes Leben ganz woanders. In der Erfahrung, dass mein Leben sinnvoll ist, in der Hingabe an ein großes Ziel, das nicht nur mir, sondern auch anderen gilt. So kann der Mensch nicht nur im Augenblick, sondern auch auf Dauer glücklich werden.

Gibt es überhaupt so etwas wie einen falschen Weg?

Den Eindruck haben wir natürlich. Bei einer Bergtour kann man an einer Weggabelung leicht ein Hinweis-

Die Frage nach dem Glück

Sind wir zufrieden, wenn wir viel Geld haben? Wenn uns alle Beifall klatschen und uns immer zum Lachen zumute ist? Sind wir noch offen für das eigentliche Glück, wenn wir alles erreicht haben und ganz gesättigt sind? Der Schlüssel für ein gelingendes Leben liegt woanders: in der Erfahrung, dass mein Leben sinnvoll ist, in der Hingabe an ein großes Ziel, das nicht nur mir, sondern auch anderen dient.

So kann der Mensch nicht nur im Augenblick, sondern auch auf Dauer Glück erfahren.

schild übersehen, und schon befindet man sich auf dem Holzweg. Im Gebirge ist so ein Fehler relativ einfach zu korrigieren, weil ich nur zur Stelle mit der Markierung zurückzukehren brauche, an der ich schon war. Dann kann ich wieder auf dem richtigen Weg weitergehen. Im Leben ist allerdings nichts so eindeutig, es gibt auch Umwege. Wenn man mal auf einen anderen Weg geraten ist, dann muss man den meist weitergehen. Es sei denn, er führt direkt in den Abgrund.

Wir wollten auf etwas anderes hinaus. Wenn man ein Leben in der Rückschau betrachtet, das ist ja auch der Reiz beim Lesen von Biographien, dann erweist sich oft der »falsche Weg« am Ende als der richtige. Und wenn es nur die Erkenntnis war, in eine Sackgasse geraten zu sein, um zu erkennen, dass es eine Sackgasse war.

Ich kann zu mir sagen, dadurch habe ich Neues erfahren. Mir geht es so, wenn ich einen falschen Weg eingeschlagen habe. Neulich erst habe ich auf einer Wanderung die Abzweigung zum Jochberg genommen statt zum Herzogstand. Aber auch der Jochberg ist ein schöner Berg. Natürlich sind alle falschen Wege lehrreich. Aber das bedeutet umgekehrt nicht, dass man nur möglichst viele falsche Wege gehen muss, um am Ende ans richtige Ziel zu kommen.

Wenn du rückblickend dein Leben betrachtest, hatte dieser Weg eine Führung?

In der Rückschau suchen wir nach dem Verbindenden der Wege, die wir gegangen sind. Bei mir sehe ich die

Der falsche Weg

Umwege erweitern die Ortskenntnis. Manchmal sind die Sackgassen und Irrwege des Lebens lehrreich. Aber das heißt nicht im Umkehrschluss, dass man sich nur möglichst oft verlaufen muss, um am Ende ans richtige Ziel zu gelangen.

Grundorientierung, also mein Leben mit Gebet und Arbeit. Diese ist und war die Seelsorge, wenn man das mal so sagen will: den Menschen die Frohe Botschaft nahezubringen. Das war ein Berufsziel, das mich begeistert hat. Nachträglich sehe ich die Fügungen, etwa wie ich scheinbar zufällig dieses oder jenes Buch in die Hand bekommen habe, das mir zur Orientierung diente. Oder Anforderungen und Aufgaben, die sich mir stellten, als ich beispielsweise zum Abt gewählt wurde. Ich sehe auch, dass ich bei manchen Wegstrecken nicht genügend auf den Weg geachtet habe. Überhört habe, was da wichtig gewesen wäre, übersehen, dass ein Mensch meinen Beistand gebraucht hätte. Auf dem Pilgerweg des Lebens kommt es darauf an, ein Hörender, ein Suchender, ein Fragender zu bleiben. Das Gegenteil wäre, zu resignieren und zu verbittern, sich einfach durchs Leben treiben zu lassen oder in Routine zu erstarren. Viele Menschen verpassen ihr Leben, weil sie an einer Illusion festhalten: Eigentlich wollte ich doch das und jenes werden.

Wolltest du nicht Schriftsteller und Schrankenwärter wer-
den?

Als Kind probiert man ja im Geiste verschiedene Berufe durch. Stellt sich das Ideal vor und tagträumt so vor
sich hin. Ich war Einzelkind und hatte nicht zu viel Gesellschaft, da überlässt man sich der Fantasie. Ich hatte
den Wunsch, ein Dichter zu werden. Meine Kindheit
war in den 30er-Jahren, damals sah ich einen Film über
Friedrich Schiller im Kino. Und der hatte mir so impo-
niert, dass auch ich ein Theaterstück schreiben wollte.
Ich träumte davon, wie es aufgeführt wird.
Andererseits war ich Realist genug. Mein Vater war
Bankbeamter. Ich fragte mich also, wovon soll ich leben, bis der Erfolg sich einstellt? Dann kam ich auf eine
sonderbare Idee.
Damals gab es noch Schranken und Schrankenwärter,
deren Aufgabe lediglich darin bestand, die Schranke
runterzulassen, wenn der Zug kam. Und da habe ich
mir vorgestellt, in einer einsamen Gegend ein Schran-
kenwärterhäuschen zu haben. Dann könnte ich auch
eine Familie damit ernähren, Gemüse anbauen. Die
Grundversorgung wäre also gesichert. Da nur sehr selten Züge vorbeikommen, hätte ich genug Zeit zu dichten. Und wenn dann mal ein Zug kommt, lass ich
schnell die Schranke runter. Danach kann ich in Ruhe
wieder weiterschreiben.

Klingt nach einem guten Plan.

Doch rein in die Luft hinein kann man nicht dichten.
Wo bleibt da der Sinn? Es hätte ja auch noch die Mög-

lichkeit gegeben, Journalist zu werden, aber das emp-
fand ich als ein zu gehetztes Leben.

Aber dann kam alles ganz anders …

Die ruhige Tätigkeit als Schrankenwärter und Dichter
habe ich nicht gefunden. Aber im Grunde ist das klösterliche Leben eine verwandte Tätigkeit. Ich gestalte,
komponiere etwas, wenn ich Predigten und Vorträge
entwerfe, und wenn es gelingt, die Herzen zu erreichen,
ist das befriedigend. Und manchmal bleibt mir Zeit und
Muße, frei zu sein fürs Schreiben. Im Rückblick auf

Eigentlich
Viele Menschen verpassen ihr Leben,
weil sie an der Illusion festhalten:
Eigentlich wollte ich doch das und
jenes werden.

---

mein Leben würde ich sagen, bei meiner Berufswahl,
Mönch zu werden, hat sich auch der Wunsch verwirk-
licht, Dichter zu werden, also das Bedürfnis nach einer
gewissen Sendung, etwas ins Wort zu fassen, Sprache
zu gestalten.
Man nennt ja die Kirchen- oder Gottesdienstgemeinde
auch eine Erzählgemeinschaft. Wo man sich gegenseitig Zeugnis gibt. Das ist für mich die Verkündigung des
Evangeliums. Ich habe immer eine Sehnsucht gespürt.

68

Nach einer letzten Tiefe, nach Gott. »Ich bin, weil ich angesprochen bin, angerufen bin«, hat der Religionsphilosoph Martin Buber gesagt. Das hat mich sehr geprägt. Das dialogische Prinzip: Das Bejahtwerden und dass ich selber Ja sagen kann. Ich verwirkliche mich, wenn ich antworte.

Drittes Gespräch

ÜBER GESPRÄCHE MIT GOTT

»Auch ich habe Gott
noch nicht getroffen.«

Wenn man an einem dieser unwirklich schönen Sommertage in Bayern nach Andechs fährt, über einem der König-Ludwig-blaue Himmel und vor Augen das satte Grün der Felder, dann versteht man plötzlich, was Benedikt mit seiner Anweisung, der Mönch solle »in allem Gott verherrlichen«, gemeint haben könnte. Der auf den ersten Petrusbrief zurückgehende Vers *ut in omnibus glorificetur Deus* ist einer der Grundsätze der benediktinischen Lebensweise. Die Betonung liegt auf »in allem«. Gott soll man nicht nur im Gebet preisen, sondern auch im Alltag, in der Arbeit. Und so prägt dieses Leitmotiv vom Bier bis zur Baukunst jeden Lebensbereich der Benediktiner.

Odilo hat uns für das dritte Gespräch zum »Baden und Beten« eingeladen, zu einem Ausflug an den Weßlinger See in der Nähe von Andechs. Später wollen wir mit ihm über das Beten sprechen. Der Abt hat im Badehaus einer befreundeten Familie blitzschnell seine Kutte gegen eine Badehose getauscht – und ist ins Wasser gesprungen. Es mag kitschig klingen, aber wenn man Odilo beim Schwimmen zuschaut, hat man den Eindruck, dass er auch da »Gott verherrlicht«, dass das für ihn auch eine Form des Betens ist. Nach dem Abtrocknen beginnt auch schon unser Gespräch – mit Lachen.

71

Der amerikanischer Regisseur Frank Capra schreibt in seiner Biographie: »Das Lachen ist das Göttliche im Menschen, das, was Gott dem Menschen geschenkt hat.« Warum wird eigentlich in der Bibel nicht gelacht?

(Lacht) Tatsächlich kommt in der Bibel das Lachen zu kurz. An einer Stelle im Alten Testament lacht Gott, wenn er über seine Feinde triumphiert. Dennoch könnte ich mir aber viele Momente vorstellen, in denen Jesus gelacht hat. Schon bei der Ankündigung seiner Geburt sprechen die Engel von der Botschaft, die alle mit Freude erfüllt. Und Jesus selbst ist es, der viele Menschen aus ihrer Freudlosigkeit befreit. Er nimmt den Satz »Ich bin das Leben« auch im Sterben nicht zurück.

Wer zuletzt lacht, lacht am besten?

Am Ende hat das Lachen immer etwas Befreiendes. Es entsteht meist aus einer Spannungssituation heraus. Wenn ich dann endlich lache, löse ich die Widersprüche und Beklemmungen auf, die ich hatte. Auch ich empfinde das Lachen als eine göttliche, eine himmlische Gabe, zusammen mit dem Weinen.

Weinen ist göttlich?

Die Tränen sind etwas Besonderes. Wenn ich etwas sehr Schönes, Ergreifendes sehe, kann es sein, dass ich zu Tränen gerührt bin. Den Menschen drängt es dann, das auszudrücken. Nicht nur der Schmerz bringt Tränen hervor, sondern auch die Freude und die Dankbarkeit. Das kommt aus einer noch größeren Tiefe als das Lachen.

Gilt das nicht auch für das Lachen?

Das ist eher ein Durchbruch. Es gibt ja viele Formen, etwa das höhnische Lachen, das Auslachen oder die Schadenfreude. Am schönsten ist es natürlich, wenn man Tränen lacht.

Sind deshalb in deinen Vorträgen und Predigten mitunter Pointen, ja sogar Witze zu hören?

Wie froh wäre denn die Frohe Botschaft, wenn das nicht möglich wäre? Schon die Barockprediger haben das gerne gemacht. Es gab das sogenannte Ostermärlein, das Osterlachen. Man sagte sich, Ostern ist die frohe Nachricht schlechthin, da sollen die Gläubigen lachen. Überliefert ist eine Geschichte aus dem Jahr 1506, die sich in der Klosterkirche zu Marchtal an der Donau abgespielt hat. Der Priester forderte auf dem Höhepunkt seiner Predigt die Männer auf, den Ostergesang »Christ ist erstanden« anzustimmen. Die waren vollkommen perplex und überrumpelt – und schwiegen betreten. Schnell wandte sich der Pfarrer mit der gleichen Bitte an die Frauen. Die stimmten sofort das bekannte Osterlied an. Kein Wunder, denn das war vorher heimlich so abgesprochen. Anschließend gab es ein großes Gelächter.

Da die Leute in anderen Kirchen sicher auch gelacht haben, weil der Priester gesagt hat, Christus ist auferstanden – bitte nicht lachen, hat man später lieber gleich richtige Scherze erzählt. So sind die Ostermärlein entstanden.

Gibt es den Brauch heute noch?

Er wird noch gelegentlich praktiziert. Auch ich bekomme gelegentlich Anfragen zur Osterzeit, einen Witz zu erzählen. Zuletzt war deswegen ein Fernsehteam im Kloster.

Und, welchen Witz hast du erzählt?

Ich habe zwei erzählt. Im ersten laufen Petrus und Johannes zum Grab Christi. Johannes ist schneller dort und ruft: »Petrus, Petrus! Ich habe eine gute und eine schlechte Nachricht.« Petrus bleibt überrascht stehen und fragt Johannes noch ganz außer Atem: »Jetzt mal langsam, was ist die gute Nachricht?« – »Die gute ist, dass Jesus nach drei Tagen wieder auferstanden ist und lebt!« – »Das ist ja großartig! Aber was ist dann die schlechte Nachricht.« – »Er ist ziemlich sauer darüber, wie du dich letzten Freitag verhalten hast.«

Und der zweite Witz?

Ich habe neulich im Zug auf der Fahrt nach Dillingen einen jiddischen Witz gehört. Da kommt ein junger Mann zum Rabbi und fragt ihn, ob er heiraten soll. »Ist sie hässlich?«, fragt der Rabbi. Er nickt. »Ja, dann heiratest sie halt nicht. Was ist das Problem?« – »Sie ist reich«, sagt der junge Mann. »Ja, dann heiratest sie halt doch«, antwortet der Rabbi. »Aber, jetzt gebe ich dir einen guten Rat, lass dich taufen, dann kannst du meinen Kollegen, den Hochwürden, nerven.« Ich habe den Witz dann einem katholischen Pfarrer in Dillingen erzählt. Der sagte, der ist gut, den formuliere ich ein bisschen um, mein evangelischer Kollege kann sicher auch Spaß verstehen.

Gibt es einen Zusammenhang zwischen Lachen und Beten?

Im Reden zu Gott kann ich dazu kommen, dass ich über eine Sache, die mich geärgert oder die mich unglücklich gemacht hat, plötzlich lächeln kann. Während ich mich ausspreche, darf ich mir einen mich anlächelnden Gott vorstellen, so als wollte er sagen: Mensch, was hast du nur für kleine Sorgen. Ja stimmt, könnte ich dann antworten – und vielleicht auch darüber lächeln.

Wo fängt eigentlich das Beten an? Wenn man seine innere Stimme hört?

Ich glaube, dass jeder Mensch in sich etwas entdeckt, das mehr ist als die Summe seines Wissens und seiner Erfahrung. Wir spüren diese Sehnsucht nach mehr in uns. Ich möchte über mich hinauskommen, über mein jetziges Bewusstsein, ich habe einen inneren Instinkt dafür, dass ich in einem größeren Zusammenhang stehe. Der Mensch will im Gegensatz zum Tier immer wieder seine Grenzen überschreiten. Er ist neugierig und fragt: Woher komme, wohin gehe ich? Und da, bei diesem inneren Suchen, fängt bei jedem Mensch so etwas wie Beten an.

Neunzig Prozent unserer Gespräche sind Selbstgespräche, stellt eine neue Studie fest. Nur bei zehn Prozent sprechen wir tatsächlich mit unserem Gegenüber. Ansonsten führen wir unablässig innere Dialoge und Monologe. Ist das wirklich schon Beten?

Nein, da würde ich eine Grenze ziehen. Diese pausenlosen Gespräche, die wir mit uns führen: »Das muss ich doch eigentlich schaffen« oder »Was hab ich denn da für einen Blödsinn gemacht«, die führen zu nichts.

Das zerrissene Herz
Ein Mensch,
der seine Mitte verloren hat,
reibt sich an den Kompliziertheiten
dieser Welt auf,
er macht viele Dinge nebenher,
aber nichts richtig.

In gewisser Weise sind das ja Beschwörungsformeln in unserem Kopf.

Es besteht die Gefahr, dass das Gebet nur zu einer anderen Form solcher Monologe wird. Ich rede im Grunde mit mir selbst, aber ich nehme Gott als fiktiven Gesprächspartner. Wir machen das ja gerne, etwa, wenn wir uns über jemanden geärgert haben. Hinterher fällt uns ein, wie wir hätten antworten können auf seine Unverschämtheit, und Wut und Zorn kochen in uns hoch. Wir sammeln Argumente, die man dem anderen an den Kopf werfen möchte. Das ist natürlich kein Gebet. Es ist wichtig, von solchen Denkmustern wegzukommen.

Das sagt sich leicht. Wo ist der Schalter? Wie lässt sich dieser Gedankenstrom abstellen?

Die Übung lautet: einfach still werden. Leer werden. Wichtig ist, für sich selbst die richtige Weise zu finden, wie man mit Gott redet.

Wie kommt man mit Gott ins Gespräch?
Gott finde ich nur in meinem Inneren. Dort spreche ich mit ihm, nicht außerhalb.
Im Innersten meines Inneren.

Wie kommt man mit Gott ins Gespräch?

Gott finde ich nur in meinem Inneren. Dort findet das Gespräch statt, nicht außerhalb. Im Innersten meines Inneren. Da wird, denke ich, das Wort, das ich spreche, doch zu einem Wort von einer tiefen Wirklichkeit. Schon die Anordnung meiner Rede zeigt das. Ich sage: »Du hörst mich.« Wenn ich das ernst nehme, dass ich mit Gott rede, werde ich auch seine Reaktion auf meine Worte mitbedenken. »Lieber Gott, es ist doch wirklich eine Unverschämtheit, was der andere zu mir gesagt hat.« Wenn ich mich dabei in Gott hineinversetze, dass er derjenige ist, der mich kennt und der auch den anderen kennt, dann wird mir das Wort von selbst fragwürdig.

Wie bei Don Camillo und Peppone? Wir könnten uns dich gut in der Rolle des Pfarrers vorstellen.

(Lacht) Zu meinen Lieblingsszenen gehören die Momente, wenn der Pfarrer Don Camillo sich in der leeren Kirche vor das Kruzifix stellt und über den kommunistischen Bürgermeister Peppone schimpft. Dann ertönt plötzlich eine Stimme: »Aber ist das denn wahr, was du da sagst?« Don Camillo gesteht: »Na ja, ein bisschen anders war es vielleicht schon.« In diesem Augenblick verwandelt sich der Monolog in ein Zwiegespräch, das tiefer geht und das die Kraft hat, den oberflächlichen Ärger in die richtigen Bahnen zu lenken.

Er relativiert seine eigene Position, weil er sich an eine Instanz richtet. Wobei das natürlich auch voraussetzt, dass Don Camillo sich einsichtig zeigt, weil er weiß, Gott hat alles gesehen.

In den Filmen, die ich kenne, ist das so. Da ist Gott immer sehr verständnisvoll. Dann weiß Don Camillo schon, dass er was Böses getan hat.

Don Camillo und Peppone

Wie Beten funktioniert, sieht man schön in den Filmszenen, in denen der Pfarrer Don Camillo in der leeren Kirche vor dem Kruzifix steht und sich über den kommunistischen Bürgermeister Peppone ausschimpft. Plötzlich ertönt eine Stimme von oben: »Aber ist das denn wahr, was du da sagst?« Don Camillo gesteht verlegen: »Na ja, ein bisschen anders war es vielleicht schon.« In diesem Augenblick verwandelt sich der Monolog in ein Zwiegespräch, das tiefer geht und die Kraft hat, den oberflächlichen Ärger in die richtigen Bahnen zu lenken.

Brauchen wir dazu wirklich Gott? Wir könnten doch auch mit einer Tomate reden.

Oder mit einer Blume oder einem Haustier. Wir sprechen ja gerne mit Pflanzen und Tieren, so als ob sie uns verstehen würden. Wir haben alle die Neigung, auf ein »Du« hin zu sprechen. Das ist zutiefst im Menschen verwurzelt. Es zeigt sich im Selbstgespräch und im Gebet, dass ich immer einen Partner oder ein Gegenüber suche. Wir können offenbar nur sprechen, wenn wir vorher angesprochen worden sind, dadurch haben wir überhaupt Sprache.

Das beginnt in unserer frühesten Jugend. Das Kind wird von den Eltern mit einem »Du« angerufen und lernt, dass es dann auch als »Ich« zu einem anderen »Du« hin sprechen kann. Im Gebet vollendet sich diese große Sehnsucht nach mehr – und ich darf mich dieser Sehnsucht einfach überlassen. Spüren, dass ich angerufen bin, dass ich in einem größeren Zusammenhang stehe.

»Alles, um was ihr bittet, ihr werdet es erhalten«, steht in der Bibel. Beten kann Berge versetzen. Du hast einmal gesagt: »Bei Gott ist alles möglich.« Was bedeutet das?

Das ist die Botschaft des Engels an Maria im Lukasevangelium. Die Gegenfrage wäre: Es haben so viele Menschen gebetet, dass es keinen Krieg gibt oder dass Kranke nicht sterben. Trotzdem ist das eingetreten. Zunächst einmal ist es Bedingung, dass ich einen ganz großen Glauben habe an die Möglichkeiten Gottes. Bei verschiedenen Dingen, die ich will, kann ich eigentlich diesen Glauben nicht haben, dass Gott das will. Dass meine Fußballmannschaft gewinnt oder ich das große Los ziehe. Ich müsste dann ja davon überzeugt sein, dass der Lottogewinn auch der Wille Gottes wäre, dass ich dadurch glücklich werde. An einer Stelle bei Lukas

Wo fängt eigentlich das Beten an?

heißt es, dass Gott wie der gute Vater ist, der seinem Kind keine Steine gibt statt Fisch, dass er, der himmlische Vater, uns seinen Geist geben wird. Er gibt uns das, was wirklich gerade gut für uns ist. Doch die Einzelheiten, um die wir ihn bitten, die sind darin nicht eingeschlossen.

Wozu braucht man dann noch zu beten, wenn Gott ohnehin alles sieht und das Richtige tut?

Nicht zu beten wäre der Stillstand von allem. Diese Annahme ist genauso unsinnig wie der naive Glaube, dass Gott unser Handlanger ist, der alles herbeischafft, um was wir ihn bitten. Zwischen diesen beiden Extremen bewegt sich das eigentliche Gebet, wenn wir Gott in einer Notlage anrufen. Und ihm unsere Not anvertrauen dürfen.

Welche Wirkung hat Beten? In einer Studie wurde aufgezeigt, dass Kranke, für die gebetet wurde, schneller gesund wurden als andere.

Das wäre ja dann eine tolle Geschäftsidee. Man bräuchte nur einen Haufen Gesundbeter zu engagieren, und dann geschieht, was der Kranke will. Er zahlt ja dafür. Aber im Ernst, es gibt diese Phänomene. Beten ist eine Kraft. Es hat einerseits eine Wirkung auf den, der selbst betet, weil er sich auf Gott einlässt. Andererseits spüren wir ja auch die positiven Schwingungen, wenn jemand an uns denkt.

Ein wenig ist das so wie das Geheimnis der kommunizierenden Röhren. Im Physikunterricht in der Schule hat mich das beeindruckt, wie die mit Wasser gefüllten, nach oben offenen Röhren aufeinander reagieren. Sobald man den Wasserstand einer Röhre verändert, wirkt sich das auf die anderen aus. Weil sie alle miteinander verbunden sind, so wie auch wir Menschen in einem verborgenen Zusammenhang untereinander und miteinander stehen.

Also doch Gesundbeter engagieren?

Ich glaube, es wäre falsch, das Beten als etwas Magisches zu verstehen. Ich darf das nicht instrumentalisieren. Ein Kranker, den die Ärzte aufgegeben haben, wird nicht einfach automatisch wieder gesund, wenn man für ihn betet. Denn die Heilung geht nicht vom Gesundbeter aus. Die Heilung kann nur eine Gnade Gottes sein, ein Geschenk.

Aber wir dürfen daran glauben?

Wir dürfen Gott alles sagen und wir dürfen daran glauben, dass im Gebet die Kraft Gottes wirkt.

Die Klarheit des Herzens

Der Mönch trainiert die Einfalt
des Herzens. Durch Gebet
und Meditation lernt er, nicht
mehr von dem Vielen hin und her
gerissen zu werden. Sein Ziel
ist die *puritas cordis*, die Offenheit
des Herzens, das Freisein
von negativen Haltungen und
störenden Vorstellungen.

Ist eine Welt, in der viele Menschen beten, eine bessere Welt?

Wo sie gut beten, ja. Eine Welt, in der es viele gute Gedanken, viele gute Wünsche gibt, ist eine bessere Welt
als die, in der sich alle gleichgültig verhalten oder sogar
Feinde sind.

Für Benedikt ist die puritas cordis, *die Lauterkeit des Her-*
zens, wesentlich für das Gebet. Was bedeutet das?

Interessanterweise bezieht sich Benedikt hier auf die alten Wüstenmönche, die im 3. Jahrhundert nach Christi in die Wüste gingen, um ihr Herz zu weiten. *Puritas*
cordis meint die Offenheit des Herzens, ein Freisein von
negativen Haltungen und störenden Vorstellungen.
Johannes Cassianus, der selbst zehn Jahre in der ägyp-
tischen Wüste das Koinobitentum, die frühchristlichen
mönchischen Gemeinschaften, studierte, verfasste um
400 »Das Ruhegebet«. Benedikt schätzte Cassianus als
geistlichen Lehrer und zitiert ihn mehrfach in seiner
Regel.

Wie geht das »Ruhegebet«?

Es ist ein Sichtragenlassen von der Güte und Schönheit
Gottes. Benedikt gibt hier keine weiteren methodischen
Anweisungen. Er schreibt: »Wenn einer still für sich be-
ten will, trete er einfach ein und bete, nicht mit lauter
Stimme, sondern unter Tränen und mit wacher Auf-
merksamkeit des Herzens.« Er verwendet das lateini-
sche Wort *intentio cordis* – *intentio* weist hin auf die volle
Aufmerksamkeit, die Intensität der Hinwendung.

Im Vaterunser heißt es am Ende »denn dein ist das Reich, die Kraft und die Herrlichkeit«. Du hast einmal gesagt, in diesem Moment offenbare sich das innerste Ziel allen Betens. Das Offenwerden für jene kraftvolle Wirklichkeit Gottes. Kannst du uns das näher erklären?

Werde still.

Im Beten dieses Satzes wird das durchbrochen, was vordergründig meine Welt ist: was ich habe, was mich bestimmt, meine Intelligenz, Leistungen und Beziehungen. Das kann ja, wie wir wissen, sehr oft trügerisch sein, weil alles vergänglich ist. Aber ich sollte mein Leben nicht nur darauf stützen. Im Gebet öffne ich mich dafür, dass es über das alles hinaus noch eine andere Wirklichkeit gibt. Das ist eine wichtige, eine tiefe, eine heilende Erfahrung. Es gibt nicht nur das, was ich sehe oder messen kann – sondern da ist etwas, das auch wirklich ist und das auch wirkt.

Ist das die »Herrlichkeit«, von der das Vaterunser spricht?

Zu spüren, es gibt eine letzte Einheit. Wo ich Ohnmacht spüre und nicht weiterkomme, da gibt es eine Macht, eine Kraft. Da leuchtet eine Herrlichkeit auf. Das ist die Sehnsucht des Menschen. Es ist die Erkenntnis, dass meine Lebensversicherung allein oder meine guten Beziehungen nicht das ersetzen können, wonach ich mich eigentlich sehne.

Von dir stammt das Zitat »Gott ist alles, was ist, und zugleich ganz anders als alles Seiende«. Ein Satz, der auch von dem Philosophen Wittgenstein sein könnte.

Wittgenstein würde sagen, Gott ist das nicht mehr Sagbare. Das Schweigen ist bei Wittgenstein positiv zu deuten. »Worüber man nicht reden kann, darüber soll man schweigen.« Dass ich einfach schweige, das wäre demnach auch ein Gebet. Ich weiß, dass es da etwas gibt, das allem zugrunde liegt, was in allem ist, alles ist, aber ich kann es nicht ausdrücken, begreifen. Und so bleibt das Schweigen – das wichtigste Gebet. Schweigend aushalten. Wobei ich sagen würde, ich kann nicht nur schweigen, sondern ich muss aufgrund meiner menschlichen Veranlagung doch immer wieder davon reden, dass ich es nicht sagen kann. Gott, ich kann's nicht sagen, was ich eigentlich möchte. Wer du bist? Aber indem ich etwas sage, begebe ich mich in diese Richtung. Und erfahre etwas von dem Geheimnis dessen, der schweigen kann.

Die Sehnsucht

Im Gebet öffne ich mich dafür, dass es noch eine andere Wirklichkeit gibt. Meine Intelligenz, meine Schönheit und mein Bankkonto allein machen nicht mein Leben aus.

Ist Gott der große Schweiger?

Gott ist alles, was ist.
Darum braucht das Gebet das
rechte Spannungsverhältnis
von Reden und Schweigen. Ich muss
still werden, muss schweigen, um
überhaupt etwas davon zu erfassen.
Ich darf dann, ich muss ausdrücken,
was ich empfinde. Anschließend
kommt es wieder zum Schweigen,
weil ich merke, dass meine vielen
Worte Gott nicht erfassen können.

Ist Gott der große Schweiger?

Er übersteigt all unser Begreifen und Sprechen. Darum braucht das Gebet das rechte Spannungsverhältnis von Reden und Schweigen. Ich muss still werden, muss schweigen, um überhaupt etwas davon zu erfassen. Ich darf dann, ich muss ausdrücken, was ich empfinde. Danach kommt es wieder zum Schweigen, weil ich merke, dass meine vielen Worte Gott nicht erfassen können.

Auf dem Weg ins Kloster sprach uns eine ältere Frau an und sagte: »Der Herr Abt ist doch Gott begegnet. Fragt ihn doch, was Gott zu ihm gesagt hat!«

Das ist eine häufige Frage. Einmal hat sich ein Mann während einer Lesung gemeldet und gesagt, es reiche ihm nicht, wenn er Gott sein ganzes Leben lang suchen müsse, er wolle ihm schließlich ja auch mal begegnen. Der ganze Saal lachte.

Und, was hast du ihm geantwortet?

Auch ich habe Gott noch nicht getroffen. Aber ein Stück von ihm habe ich erfahren. Ich habe dem Mann von meinen Erfahrungen beim Bergsteigen erzählt. Das Gipfelerlebnis ist etwas Schönes. Ein Moment, in dem ich mich mit mir und Gott eins fühle und das Beglückende des Daseins spüre. Aber ich kann nicht immer oben bleiben. Das Beglückende entschwindet wieder, ich muss absteigen und zurück in den Alltag. Doch die Erinnerung daran bleibt. Sie ist in mir aufgehoben, und ich weiß, ich kann diesen Moment des Glücks wieder suchen und finden. So sind wir unser Leben lang auf der Suche. Es ist also nicht so, dass wir Gott nie finden. Wir werden immer wieder etwas von ihm finden und entdecken – aber nie die ganze Fülle und Unendlichkeit Gottes.

Wir haben eben gesehen, wie gerne du im Wasser bist. Ist Schwimmen für dich eine Form von Beten?

Bei einem großartigen Naturerlebnis spüren wir etwas in uns. Wie schön ist das, wie schwingt jetzt alles zusammen, die Wellen, das Ufer und die Sonne. Und ich bin mittendrin im angenehmen Nass. All das ist schon ein Gebet, das auch ohne Worte funktioniert. Das gedachte »Oh, wie ist das schön!« geht unwillkürlich über in »Gott, wie schön ist das!«. Ich spüre etwas von deiner Hand, die alles geschaffen hat. Ich denke, dass auf diese Weise viele Menschen beten – ohne dass sie es Beten nennen würden.

Ein unbewusstes Beten?

Danke sagen ist das einfachste Gebet der Welt. Das Größere spüren und sich davon angesprochen fühlen. Wie ein natürlicher Drang der Seele zu sagen: danke für diesen schönen Augenblick.

Ist Dankbarkeit beim Beten so wichtig?

Erst dadurch nehme ich das Erlebnis ganz als Geschenk wahr und bin fähig, es aufzunehmen. Auch als etwas, das mir persönlich gilt. Wenn mir jemand eine Rose schenkt, ist das ganz einfach, dann weiß ich ja, wer sie mir gegeben hat. Doch die Blumen in der Natur, die hat niemand extra für mich gepflanzt. Aber ich kann Gott dafür danken und darf annehmen, dass ich Teil der Schöpfung bin und die Blumen oder der schöne See auch mir zugedacht sind.

 Das einfachste Gebet der Welt: Danke sagen.

Mit dem See bei Weßling verbinden dich viele Erinnerungen. Wann warst du da zum ersten Mal schwimmen?

Ich glaube, da war ich vier Jahre alt. Meine Eltern kauften 1934 ein Wochenendhaus am See. Kurz nachdem die Nazis an die Macht gekommen waren, dachte mein Vater, das werden unsichere Zeiten und das Haus am See könnte ein Refugium für die Familie sein. Am Anfang waren wir nur am Wochenende und den ganzen Sommer am See. Als der Krieg losging, lebte ich bis zum Abitur ausschließlich am See. Erst 1949 haben es meine Eltern wieder verkauft. Weil sie wussten, ich werde studieren und weggehen.

Wie ist das nach so langer Zeit? Hast du das Gefühl, immer noch derselbe zu sein? Was für Gedanken kommen dir beim Schwimmen im See?

Ich denke, dass einem gerade an solchen Orten die eigene Identität klarer wird. Das ist das Wunder der Person, dass von mir physikalisch – damals war ich vier Jahre alt – nichts mehr da ist. Auch was ich von geistigen Dingen weiß oder denke, das hat sich radikal geändert – und trotzdem: Das war ich, das bin ich.

Die Frage »Wer bin ich?« gehört zu den schwierigsten im Leben.

Den meisten Menschen fällt es schwer, ihr zwischen Beruf, Familie und Freizeit auseinanderdriftendes Leben als eine Einheit zu sehen und zu erfahren. Für mich ist das Gebet die Kraft, die die Einheit meines Lebens schafft. Ich kann jetzt an diesem See mit 78 Jahren sagen, dass mich Gott hier schon als Bub gesehen hat – und auch heute noch sieht. Das Auge Gottes hat mich durch alle Stationen meines Lebenslaufs begleitet.
Dietrich Bonhoeffer, der evangelische Theologe und Widerstandskämpfer, hat ein Gedicht im Gefängnis geschrieben: »Wer bin ich? Dieser oder jener?« Der feige, wehleidige Mensch oder der gelassene, der von allen bewundert wird? Und Bonhoeffer kommt zu dem Schluss: »Einsames Fragen treibt mit mir Spott, wer immer ich bin, du weißt um mich, Dein bin ich, o Gott.« Das beantwortet auf schöne Weise die schwierige Frage nach dem »Wer bin ich?«. Trotz aller Zweifel und Fragen finde ich meine Identität, wenn ich weiß, dass Gott mich liebt und ernst nimmt. Das wäre der eine Sinn des Betens.

Und der andere?

92

Die geschichtliche Dimension des Gebets. Wenn wir nachher auf den Heiligen Berg gehen, in die Chorkapelle zum Beten, dann treten wir in den Strom der Geschichte ein. Die Psalmen sind ein paar Tausend Jahre alt, es sind dieselben Worte, die über Generationen gebetet wurden, schon vom heiligen Benedikt. Und wir färben sie mit unserem persönlichen Leben ein, mit unserer Note. Es ist immer etwas Besonderes, wenn ich an einen Ort gehe, von dem ich weiß, da habe ich schon einmal gebetet. Gebete sind ja auch Erinnerungen. Ich glaube, das ist das Geheimnis von Wallfahrtsorten, dass da immer schon viel gebetet wurde – und dass diese Kraft und das Bewusstsein der geschichtlichen Dimension wirkt.

Die Kraft der Wallfahrtsorte
Gebete sind auch Erinnerungen.
Darin liegt das Geheimnis
alter Pilgerstätten: dass da über
Generationen hinweg immer schon
viel gebetet wurde.

Hat sich dein Beten in den vielen Jahren des mönchischen Lebens verändert?

Ich würde sagen, im Kern ist es sehr ähnlich geblieben. Es hält sich einerseits an Formen, wie sie die Liturgie vorschreibt, aber andererseits ist da immer noch ein unmanipulierbares Gefühl, das vielleicht auch der Pantheist in der Natur verspürt.

Kannst du dieses Gefühl näher beschreiben?

Das Gefühl, dass es etwas Übersteigendes gibt, dem man sich überlassen kann. Als junger Mensch habe ich das schon gespürt. Im Laufe der Jahre kam ich dann mehr und mehr darauf, dass da eine Einheit ist: Das unbestimmte Gefühl und die feste Übung des Betens gehören zusammen: Da ist der eine Gott.

Ist dieser felsenfeste Glaube nie erschüttert worden? Gab es in der Rückschau Momente, wo du dir sagtest: Da geht es nicht weiter?

Persönliche Verzweiflung führt ja eher dazu, dass noch mehr gebetet wird. Die Gefahr bei mir als Mönch ist eher, dass das Beten, das monastische Leben zur Routine zu werden droht. Irgendwann wird alles gleichgültig, der Tagesablauf verselbstständigt sich, und das, was man selber macht und denkt, rückt in den Vordergrund. Das Beten gehört dann zwar dazu, aber es ist nicht mehr das Wichtigste. Oder dass es mir aus Eitelkeit wichtiger ist, wie man auf andere wirkt, statt zu spüren, wie es bei Gott wirkt. Theoretisch weiß ich, er schaut immer zu, aber das kümmert mich oft nicht.

Odilo, das hätten wir jetzt nicht gedacht.

Die Gefährdung auch des frömmsten Menschen in der Kirche ist immer gegeben. Wir alle haben persönliche

Götzen, denen wir dienen. Bei dem einen ist es die Macht, beim anderen die Eitelkeit. Da ist keiner ausgenommen. Ich habe aber die Chance als Glaubender, das immer wieder zu korrigieren. Schwieriger ist das für den, der nicht an Gott glaubt, der ist viel mehr diesen »relativen Göttern« ausgeliefert.

ÜBER DAS KLOSTER ALS HAUS DER PILGERSCHAFT

»Was uns Gott ähnlich macht, ist die Liebe, die kein Maß kennt.«

Die Abtei St. Bonifaz liegt am Königsplatz in München. Seit einem halben Jahrhundert lebt Odilo in diesem Kloster, in das er 1952 eintrat und das er von 1964 bis 2003 als Abt leitete. Der weltweit dienstälteste Benediktinerabt ist auch als Altabt ein vielbeschäftigter Mann. »Ich kann schwer Nein sagen«, sagt Odilo, der überall gefragte Seelsorger, spirituelle Lehrer und Vortragsredner. Für unser viertes Gespräch haben wie uns an der Klosterpforte angemeldet. Kurz darauf erscheint Odilo mit wehendem schwarzem Habit und der Benediktusregel in der Hand. Er führt uns in ein Zimmer im abgeschlossenen Teil des Klosters. Hier ist nichts mehr vom Lärm der Stadt zu hören. Es herrscht Stille.

Was macht die Faszination eines Klosters aus? Was machen Mönche eigentlich den ganzen Tag? Wir wollen in diesem Gespräch mehr über eine Lebensform erfahren, die den meisten entweder fremd, unverständlich oder geheimnisvoll erscheint. Auch uns geht es da nicht anders, obwohl wir den Benediktiner schon seit einigen Jahren kennen. Abt Odilo führt ein Leben, das sich radikal von unserem unterscheidet und aus einer anderen Zeit zu stammen scheint. Aber das Kloster liegt mitten im modernen München. Es ist ein Ort, an dem eine Gruppe von Menschen ein einfaches Leben in der Stille und Abgeschiedenheit führt.

Im alten Indien war »Schweiger« (in Sanskrit muni*) ein anderes Wort für Mönch. Auch Benedikt widmet der Schweigsamkeit ein eigenes Kapitel in seiner Klosterregel. Dort heißt es: »Man soll der Schweigsamkeit zuliebe bisweilen sogar auf gute Gespräche verzichten. (…) Mag es sich also um noch so gute, heilige und aufbauende Gespräche handeln, vollkommenen Jüngern werde nur selten das Reden erlaubt wegen der Bedeutung der Schweigsamkeit.« Dürfen wir dir überhaupt Fragen stellen?*

(Lacht) Wenn es die richtigen Fragen sind, dann schon.

Du als Abt darfst ja sprechen, denn Benedikt schreibt im Weiteren: »Denn Reden und Lehren kommen dem Meister zu, Schweigen und Hören dem Jünger.«

Ihr habt die Regel ja aufmerksam gelesen. Da kennt ihr sicher auch das Kapitel, das von dem hohen Gut der Gastfreundschaft handelt: »Alle Fremden, die kommen, sollen aufgenommen werden wie Christus. (…) Allen Gästen begegne man bei der Begrüßung und beim Abschied in tiefer Demut: Man (…) verehre so in ihnen Christus, der in Wahrheit aufgenommen wird.« In der freundlichen Aufnahme des Gastes soll die Göttlichkeit des anderen geehrt werden. Die Unsicherheit, ob der Gast nicht ein Bote Gottes ist, ist eine der Quellen der Gastfreundschaft.
In der Bibel steht: »Vergesst die Gastfreundschaft nicht;

denn durch sie haben einige, ohne es zu ahnen, Engel beherbergt.«

Gott kann eben durch einen, von dem man es nicht erwartet, sprechen. Durch einen Fremden oder durch einen Jüngeren. Bei wichtigen Beratungen, sagt Benedikt deshalb, soll der Abt gerade auch auf die Jüngeren hören, weil Gott »oft durch einen Jüngeren offenbart, was das Bessere ist«.

Und wenn die Gäste ketzerische Fragen stellen?

Im Kapitel »Die Aufnahme fremder Mönche« steht der schöne Satz: »Sollte er in Demut und Liebe eine begründete Kritik äußern oder auf etwas aufmerksam machen, so erwäge der Abt klug, ob ihn der Herr nicht vielleicht gerade deshalb geschickt hat.« Zunächst einmal hört ja Kritik keiner gerne, ich auch nicht, und man ist versucht, sie abzulehnen. Der Fremde oder der Gast soll doch bitte schön zufrieden sein, dass er überhaupt aufgenommen wurde und ein Bett bekommen hat. Das ist eine Unverschämtheit, dass der mir etwas Kritisches sagt. Hinterher, wenn man es sich genauer überlegt, denkt man, er hat ja vielleicht recht. Und dazu sagt Benedikt, der Abt soll sich diese Kritik anhören und sich fragen, ob Gott ihm damit nicht ein Zeichen geben will. Nicht dass jede Kritik berechtigt sein muss. Nicht dass alles, was ein Jüngerer sagt, eine Offenbarung Gottes ist, aber es wäre möglich.

Also gut, dann eine ketzerische Frage: Gibt es Gott, oder ist Gott die vielleicht größte Erfindung des Menschen?

Gott gibt es nicht so wie irgendeinen Gegenstand, den man festmachen kann. Einen fünften Kontinent etwa. Gott ist kein Gegenstand neben anderen auf dieser Welt. Aber es gibt im Menschen eine tief verankerte Suche, das Endliche zu überschreiten. Die Sehnsucht nach einem Ganzen. Der Mensch lässt sich in dieser Suche nicht einschränken, denkt über die Dinge, wie sie sind, hinaus, fragt, was hinter dem nächsten Horizont ist. Dabei überschreitet der Mensch immer wieder seine Grenzen und fragt nach dem Sinn des Lebens oder dem Ziel der Welt. Was ist danach? Was war davor? Was hält mein Leben und die Welt zusammen?

Wer ist Gott?
Gott ist kein fünfter Kontinent.
Gott ist die Sehnsucht
nach dem Ganzen.

Hinter jedem Horizont tut sich aber wieder ein neuer Horizont auf. Dem Menschen entzieht sich das Ganze, aber doch kann es sich ihm stückweise zeigen. Das würde ich als das Geheimnis des Glaubens sehen: Es gibt ein Ganzes und nicht nur Bruchstücke und Teile, die auseinanderfallen. Dieses beständige Fragen und Suchen, dieses Greifen nach der Unendlichkeit ist, denke ich, was wir wirklich von Gott in uns spüren. So ist der Mensch, der Gott sucht, einer, der sich auf den Weg in die Unendlichkeit macht.
Die Antwort, dass Gott eine Erfindung des Menschen

ist, ist aber auch richtig, weil das, was wir uns als Gott vorstellen, immer auch ein Produkt unserer eigenen Suche nach dem Unendlichen ist.

In der Moderne gibt es viele Stimmen, die an der Existenz Gottes zweifeln.

Bekanntlich hat ja Nietzsche in *Also sprach Zarathustra* Gott für tot erklärt. Und in *Die fröhliche Wissenschaft* schreibt er: »Wir sind seine Mörder, wir haben ihn getötet«. Das ist natürlich ein großer Gedanke, aber auch ein furchtbarer Abgrund. In früheren Zeiten war Gott für die Menschen eine Selbstverständlichkeit. Dann ist Gott im Zuge der europäischen Geistesgeschichte in der Vorstellung vieler Menschen gestorben. Trotzdem bleibt, auch für Nietzsche, immer noch diese Provokation, dass Menschen sich mit diesem Gott beschäftigen. Auch in der negativen Wendung der Frage: Was bedeutet es für uns, wenn es keinen Gott gibt?

Ist Gott vielleicht nur die größte Erfindung der Menschheit?

Was würde es bedeuten?

Das würde bedeuten, dass der Mensch ungeheuer einsam ist. Dass er der Angst vor der Zukunft ausgeliefert ist und dass es keine Mitte und kein Ziel gibt. Dass alles dem Zufall überlassen ist und auch ich mich beliebig verhalten kann ohne eine Verpflichtung. Ich will damit nicht sagen, dass Menschen, die meinen, nicht an Gott zu glauben, deshalb unmoralische Menschen sein müssen. Ich denke, was wir Gott nennen, ist in jedem suchenden und offenen Menschen gegenwärtig als ein größerer umfassender Sinn, als das Gute, dem ich mich verpflichtet fühle. Und das ist dann auch für viele Menschen ihr Gott, ihr absoluter Richtpunkt. Aber wo der fehlt, wo der Mensch sich nur treiben lässt, da verfehlt er sein menschliches Wesen.

Kannst du uns in einfachen Worten erklären, was ein Mönch ist?

Ein Mönch ist jemand, der Gott sucht und für den die Suche nach Gott etwas Entscheidendes ist. Wichtiger als alle anderen Ziele des Menschen, wie etwa Karriere, Familie oder ein lustvolles Leben. Auf diese Suche nach dem Unendlichen richtet der Mönch sein ganzes Leben aus.

Von dem spanisch-indischen Religionsphilosophen Raimon Panikkar stammt der Satz: »Intellektuelle experimentieren mit Ideen, Mönche dagegen mit ihrem Leben. Es ist ein Experiment auf Leben und Tod.«

Ignatius meinte, es komme nicht auf das Wissen an, sondern auf das Verkosten. Ich kann nicht durch einen anderen essen und trinken, sondern muss die Nahrung selbst in mir aufnehmen und verdauen und auch sehen, ob sie mir guttut. Die Weisheit ist eben, dass ich

Was ist ein Mönch?

Ein Mönch sucht Gott. Diese Suche
ist ihm wichtiger als alle anderen
Ziele des Menschen wie Karriere,
Familie oder ein lustvolles Leben.
Auf diese Suche nach dem
Unendlichen richtet der Mönch
sein ganzes Leben aus.

Was will der Mönch?

Ignatius hat gesagt, es kommt nicht
auf das Wissen an, sondern auf das
Verkosten. Ich kann nicht durch einen
anderen essen und trinken, sondern
muss die Nahrung selbst in mir
aufnehmen und verdauen und auch
sehen, ob sie mir guttut.

etwas schmecke, dass ich etwas erfahre und mir persönlich aneigne.

Der Gelehrte, sagt Nikolaus von Kues, spricht über das, was er gelesen und gedacht hat, er gibt es weiter. Der Weise spricht von dem, was er erfahren, geschmeckt hat. Im *erfahren* steckt ja das Wort *fahren* drin. Erfahrungen muss man sich ergehen, so wie man sich seinen Lebenssinn erwandern muss. Der Mönch will nicht über Gott nachdenken, sondern sich dem Unendlichen in der Erfahrung öffnen.

Stört denken, wenn man Gott erfahren will?

Das Unendliche ist nicht mit dem Verstand oder dem Willen fassbar. Wenn ich etwa bete, sollen die Gebete in den Rhythmus des Atems eingehen. Das Wiederholen ist eine meditative Methode, tiefer in sich hineinzukommen und etwas gründlicher aufzunehmen.

Benedikt spricht von der Schule der Erfahrung, durch die Mönche gehen.

Wir leben in einer Wissensgesellschaft und sind oft der Meinung, es gehe darum, unser Wissen immer weiter zu vertiefen. Wir machen aber sehr oft die Erfahrung, dass die Welt dadurch nicht besser wird. Das Wissen allein nutzt nichts, wenn wir nicht handeln und die Welt gestalten. Da gibt es erstens die Gefahr, dass der Intellektuelle mit Ideen experimentiert, aber sie nicht selbst umsetzt. Er hat Rezepte und Visionen, die andere befolgen sollen, und übersieht dabei, dass alle Veränderungen der Welt nur bei uns selbst beginnen können.

Das Zweite ist, dass wir, gerade um zum rechten Handeln zu kommen, eine tiefere Erkenntnis brauchen, eine Erkenntnis, die in unserem Inneren und in unserem Herzen aufblüht und die uns hilft zu entscheiden. Wo unser Herz spürt, das ist das Richtige, das ist jetzt zu tun.

Was ist gut?
Wenn unser Herz spürt,
das ist das Richtige,
das ist jetzt zu tun.
Nur mit dieser inneren Einsicht
können wir uns mit
ganzem Herzen für eine Sache
einsetzen und handeln.

Nur mit dieser inneren Einsicht können wir uns mit ganzem Herzen für eine Sache einsetzen und handeln. Nur das, was mich in meinem Inneren bewegt, kann ich wirklich in die Tat umsetzen. Indem ich mich für das, wovon ich im Inneren ergriffen bin, entscheide, gewinne ich die Erfahrung, dass das Erkannte trägt, gut ist und sich in meinem Leben bestätigt.

Das Mönchtum ist der Versuch, christliche Wahrheit im Innersten zu erfahren und zu leben. Erst durch das Leben wird es menschliche Wahrheit, die sich an mir selbst und durch mich selbst bewährt. In diesem Sinn ist das Kloster ein Ort der Erfahrung, an dem ich mich unter günstigen Bedingungen darauf konzentrieren kann, mit Gott in Berührung zu kommen.

Was sind die Kriterien für die Aufnahme in ein Kloster?

Das ist von Orden zu Orden verschieden. Bei Benedikt ist es so, dass jeder aufgenommen wird, weil er das Kloster nicht für einen bestimmten Zweck gegründet hat. Das einzige Kriterium ist im Grunde, ob jemand wirklich Gott sucht. Es gibt ja Orden, die für einen bestimmten Zweck gegründet wurden. Einen, der nicht reden kann, nimmt man nicht in einen Predigerorden auf, einen, der sich nicht gerne dem Studium widmet, nicht in einen Schulorden, und wer keinem Eliteanspruch genügt, wird nicht bei den Jesuiten unterkommen.

Bei Benedikt dagegen geht es nur um das gemeinsame Leben und die gemeinsame Suche nach Gott. Allerdings soll der »Eintritt nicht leicht gewährt werden«, schreibt seine Regel vor. Der, der Mönch werden will, soll genau geprüft werden und sich selbst prüfen, ob er wirklich diesen Weg gehen will, bevor er sich endgültig entscheidet: »Offen rede man mit ihm über alles Schwere auf dem Weg zu Gott.«

Der Mönch zieht sich aus der Gesellschaft zurück. Warum braucht ein Kloster Mauern?

Das Kloster ist ein Ort, an dem ich mich unter guten Bedingungen auf den Weg zum Unendlichen mache. Es ist ein Ort der Freiheit, an dem ich mich ganz diesem Ziel widmen kann. Um beständig auf der Suche nach Gott

Was ist ein Kloster?

»Das Kloster soll, wenn möglich,
so angelegt werden, dass sich alles
Notwendige, nämlich Wasser,
Mühle und Garten, innerhalb des
Klosters befindet und die
verschiedenen Arten des Handwerks
dort ausgeübt werden können.
So brauchen die Mönche nicht
draußen herumzulaufen, denn das
ist für sie überhaupt nicht gut.«

Benediktusregel

zu bleiben, baue ich ein Haus und errichte Mauern, um mich nicht von dieser Suche ablenken zu lassen, und lebe in einem geordneten Haushalt nach einer geordneten Lebensweise. Die Klostermauern sind ein Sinnbild für die Konzentration auf eine Sache.

Die Benediktusregel empfiehlt den Mönchen, möglichst nicht außerhalb des Klosters »herumzulaufen, denn das ist für sie überhaupt nicht gut«.
Und wenn ein Mönch auf Reisen geht, soll er nicht von der Welt außerhalb des Klosters erzählen: »Auch nehme sich keiner heraus, einem anderen alles zu erzählen, was er außerhalb des Klosters gesehen und gehört hat, denn das richtet großen Schaden an.«
Warum ist das für die Mönche nicht gut, und welcher Schaden ist damit gemeint? Oder andersherum gefragt: Müssen die Mönche von der bösen, schlechten Welt außerhalb durch die Klostermauern geschützt werden?

Es ist so, dass wir Mönche durchaus erzählen, was wir erlebt haben. Das kann ja auch erbauend sein. Aber es gibt eben diese Gefahr der Neuigkeitssucht, die die Konzentration auf das, was wirklich wichtig ist oder was wir hören sollen, zerstört. Wenn Benedikt diesen Bereich des Klosters begrenzt, mit einer Mauer umgibt, dann geschieht das zunächst einmal nicht aus der Überzeugung heraus, dass draußen alles schlecht ist. Er sagt vielmehr, auf diesen Bereich der Welt wollen wir uns konzentrieren. Das ist der Ort, der uns anvertraut ist, den müssen wir ordnen, sonst gehen wir in der Unordnung der Welt auf. Hier fangen wir an, die Welt zu verändern. An einem Ort der Stille und Konzentration, an dem ich mich auf das Hören ausrichte, auf die Weisung Gottes.

Ist das Kloster die bessere Welt?

Im Kloster geht es nicht nur heilig zu, und alle Versuchungen sind auch hier gegeben. Darum ist diese Konzentration als Mittel gegen Ablenkung und Zerstreuung

---

Fremder Freund
Peregrinus ist der Fremde
und der Pilger.
Pilgern bedeutet weggehen
und die Erfahrung
des Fremdseins machen.

---

so wichtig. Auch unsere heutige moderne Welt weht ins Kloster herein. Am Fernsehen und Internet sehen wir, was für eine ungeheuer zerstreuende Welt das ist. Sie ist der Räuber der Konzentration.

Schauen die Mönche nicht fern?

Wenn der heilige Benedikt heute leben würde, hätte er vielleicht ein Kapitel über den Umgang mit der Fernbedienung geschrieben. Auch hier geht es ja darum, zu wählen und sich für das zu entscheiden, was einem wichtig ist, statt aus Neugierde durch alle möglichen

Sender zu zappen und dabei im Grunde nichts aufzunehmen. Diese Disziplin des Intellekts ist unbedingt erforderlich.

»Alle sollen in allem der Regel als Lehrmeisterin folgen, und niemand darf leichtfertig von ihrer Weisung abweichen.« Wozu brauchen die Mönche eines Klosters eine Regel, nach der sie leben?

Ordnung scheint zunächst einmal das Gegenteil von Freiheit zu sein. Ordnung bedeutet: Ich bin festgelegt oder eingeschränkt. Freiheit bedeutet: Ich kann tun, was ich will. Aber die Ordnung, die ich bejahe und mir selbst gebe, macht mich freier und befreit mich davon, alles ständig neu entscheiden zu müssen. Die Ordnung im Kloster spart Zeit und gibt Kraft für das eigentliche Ziel.

Die Benediktusregel, nach der ich lebe, ist keine starre Ordnung. Man kann es auch anders machen, wenn es die Umstände erfordern. Doch es bleibt die Notwendigkeit, die verschiedenen Dinge, in die ich nun einmal einbezogen bin, zu ordnen. Es gibt den Winter und den Sommer, ich brauche etwas zu essen und zu trinken, ich lebe und bete mit anderen gemeinsam. Diese grundlegenden Dinge muss ich alle recht und einfach ordnen, sonst kann ich mich nicht beständig auf den Weg machen.

Du hast das Kloster ein »Gasthaus Gottes auf der Pilgerreise des Lebens« genannt. Der Mönch begibt sich auf eine Reise wie ein Pilger, aber ohne das Kloster zu verlassen?

**Das Gasthaus
auf der Pilgerreise
des Lebens**
Der Mönch begibt sich
auf eine Reise –
wie ein Pilger,
aber ohne das Kloster
zu verlassen.
Das klösterliche Leben
ist eine beständige
Pilgerschaft.

Benedikt will, dass der Mönch im Kloster bleibt. Das klösterliche Leben ist eine beständige Pilgerschaft oder eine pilgernde, eine auf dem Weg seiende Beständigkeit. Das lateinische *abalienatio* erläutert die Aufgabe des Mönchs: sich anders sehen und sich dem Bestehenden entfremden. *Peregrinus* ist der Fremde und der Pilger. Pilgern bedeutet weggehen und die Erfahrung des Fremdseins machen.

Ist dieses Ordnen des Alltags die Voraussetzung für eine spirituelle Reise?

Wer sich nach dem Unendlichen ausstreckt, tut gut daran, das Viele und Endliche, in dem er lebt, recht und einfach zu ordnen. Um zum Unendlichen zu gelangen, muss ich endliche Schritte in der Wirklichkeit machen. Ich muss dafür sorgen, dass ich alles habe, was ich brauche. Ich muss schauen, dass ich das rechte Maß halte und nicht zu viel auf einmal will, weil es mich sonst überanstrengt. Ohne das kann sich die Suche nach dem Unendlichen leicht in irgendwelchen Spintisierereien, Einseitigkeiten oder Fanatismen verlieren.
Dieses Ordnen des Endlichen ist auch ein reinigender Vorgang, weil es mein Herz klar werden lässt, damit ich mich dem Unendlichen öffnen kann. Aber um das rechte Maß zu finden, wie ich mein Leben in eine richtige Ordnung bringe, brauche ich wiederum diese Beziehung auf das Unendliche. Der Mönch stellt sich die Frage: Wie muss ich alles ordnen, damit es meinem Ziel, der Suche nach Gott, dient? Denn ich könnte mein Leben ja auch nach anderen, endlichen Maßstäben ordnen, indem ich mich frage, was muss ich machen, da-

mit ich am meisten Spaß habe. Es ist also ein Ordnen im Hinblick auf Gott. Das rechte irdische Maß, könnte man sagen, findet man im Himmel.

Du lebst in einer klösterlichen Tradition, die eintausendfünf-hundert Jahre alt ist. Im Kloster scheint Zeit eine andere Rolle zu spielen. Du hast einmal gesagt, das wahrhaft Neue kommt vom Ewigen. Was meinst du damit?

In unserer modernen Welt sind die Neuigkeiten das eigentlich Wichtige. Das Wissen schreitet voran, und was gestern war, ist heute schon veraltet. Im Bereich der Nachrichten oder der Technik ist das ja oft auch so. Da könnte man denken, dass der Fortschritt auch über manche Erkenntnisse der Antike oder des Mittelalters hinausgegangen ist. Darum brauchen wir uns nicht mehr zu kümmern. Aber in der Vergangenheit sind tie-fere Erkenntnisse und Erfahrungen des Menschen auf-gehoben, die uns auch heute noch tief berühren und uns Wege aufzeigen können. Und für den Christen gibt es eben den Moment, in dem das Ewige durch Jesus in die Zeit getreten ist und uns das offenbart hat, was der ewigen Liebe Gottes entspringt.

Mit der Heiligen Schrift und dem Evangelium kann ich mich immer wieder befassen, ich werde es nie end-gültig zuklappen, weil ich davon immer wieder neu angesprochen bin. In jeder Situation, in jeder Kultur, in jeder Epoche spüren wir, dass wir den verborgenen Schatz noch lange nicht gehoben haben, sondern dass uns da immer wieder etwas Neues aufblüht. Das ist das Ewige in der Zeit, das über Jahrhunderte verkündet wird und den Menschen immer wieder etwas Neues aufzeigt, weil es die unendliche Fülle ist, von der wir immer nur ein Stückwerk erfassen.

Einerseits beschreibt Benedikt das klösterliche Leben als einen Weg der Herzensbildung. Andererseits verlangt er von den Mönchen: »Keiner darf im Kloster dem Willen seines eigenen Herzens folgen.«

Das scheint zunächst einmal ein Widerspruch zu sein. Wenn Benedikt vom Eigenwillen spricht, dann meint er die Neigungen, die Wünsche oder die Launen des jeweiligen Menschen. Für ihn ist der Mensch, der nur nach seiner augenblicklichen Verfassung handelt, ausschließlich dem eigenen Willen folgt, in sich verschlossen. Da der Mensch aber durch die Beziehung lebt, dadurch, dass er anderen begegnet und von anderen angesprochen wird, ist es so wichtig, diese Verschlossenheit des inneren Ohres und des inneren Auges aufzubrechen. Ein Hörender zu werden und zu erspüren, was der tiefere Sinn seines Lebens ist, was Gott in ihn hineingelegt hat, in ihn selbst und in die Welt. Wenn er sich darauf einlässt, findet er wirklich zu sich selbst und kann bejahen, was er im tiefsten Inneren ist. Dem eigenen Willen entsagen ist ein Loslassen, um zu wahrer Freiheit zu gelangen: Ja sagen zu dem, was mir geschenkt und was mir aufgegeben ist.

Die Benediktiner binden sich lebenslang an einen Ort und an eine Gemeinschaft und legen dafür das Gelübde der stabilitas loci *ab. Gleichzeitig beschreibst du den Mönch als einen Menschen, der unterwegs ist. Wie hängt diese Stabilität mit der Mobilität zusammen?*

Wer das Eine sucht,
muss das Viele, in dem er lebt,
recht ordnen.
Wer nach dem Unendlichen strebt,
muss das rechte Verhältnis
der endlichen Dinge
ins Werk setzen.
Wer Gott sucht, muss das
rechte Maß suchen.

Stabilität und Mobilität zusammenzubringen ist ja zunächst einmal ein uralter Traum des Menschen, für den es zwei Vorbilder gibt: den Baum und den Vogel. Der Baum steht fest verwurzelt in der Erde und trotzt den Stürmen und den Winden. Er ist ein Symbol der Verlässlichkeit und Stärke. Auch wenn ein Ast abgeschlagen wird, wenn er Narben und Wunden hat, steht er weiterhin aufrecht da. Zu werden wie ein Baum liegt der Wunsch nach Beständigkeit zugrunde.

Das andere Vorbild des Menschen ist der Vogel. Ein Wesen, das Flügel hat, sich mit Leichtigkeit bewegen und in die Lüfte erheben kann. Der Mensch braucht beides, Stabilität und Mobilität. Der Mönch verkörpert das in besonderer Weise. Er lebt beständig an einem Ort, in einer Gemeinschaft und ist zugleich auf dem Weg.

Was unterscheidet den Mönch vom Pilger?

Der Pilger ist derjenige, der seinen Besitz zurücklässt und mit leichtem Gepäck, nur mit dem, was er braucht, in die Fremde geht.

Der Mönch, der in einem Kloster bleibt, ist auch unterwegs, aber nicht wie der Pilger von einem Ort zum anderen, zu einem äußeren Ziel. Der Weg, den er geht, ist ein innerer Weg mit einem inneren Ziel, und das Kloster ist das Haus für diese seelische Pilgerschaft. Ich fühle mich auf dem Weg zum Unendlichen und baue mir ein Haus für diese innere Reise. Und so, wie der Pilger nur das Notwendige mitnimmt und das Überflüssige zurücklässt, weil der Rucksack sonst zu schwer wird, ordnet der Mönch seinen Haushalt und Alltag ganz einfach und beschränkt sich auf die grundlegen-

Der Mensch hat eine Ursehnsucht,
ein Haus zu bauen.
Das Wort Haus der Pilgerschaft
ist eigentlich ein Paradox.
Haus bedeutet Stabilität,
an einem Ort sesshaft zu leben,
ein Heim zu haben.
Pilgerschaft steht für Mobilität,
unterwegs sein. Das Kloster wäre
also ein Ort, an dem man im
Fremdsein daheim sein kann.
Der Mönch schlägt Wurzeln, um
beständig auf dem Weg zu sein.

den Dinge, um seinen Weg zu Gott mit leichtem Gepäck zu gehen.

Das Wort Haus der Pilgerschaft ist eigentlich ein Paradox. Haus symbolisiert Stabilität, an einem Ort zu bleiben, ein Heim zu haben. Pilgerschaft steht für Mobilität, unterwegs zu sein. Das Kloster wäre also ein Haus, in dem man im Fremdsein daheim sein kann. Der Mönch schlägt in diesem Sinne Wurzeln, um beständig auf dem Weg zu sein.

Das Kloster ist also nur ein Mittel für das eigentliche Ziel?

Der Mensch hat eine Ursehnsucht, ein Haus zu bauen. Gerade Leute, die vom Land in die Stadt kommen, haben diesen Traum und bauen sich ein Haus am Stadtrand, weil es da von den Kosten her möglich ist. Da wird ein Leben lang dafür gearbeitet und gespart. Für manche ist dann aber, wenn das Haus fertig oder abbezahlt ist, der Reiz weg. Andere ärgern sich, was sie alles falsch gemacht haben, oder sie mögen die Nachbarn nicht. Das große Ziel, für das sie gelebt haben, ist irgendwie verloren gegangen. Das Haus selbst kann eben nicht ein bleibendes Ziel ersetzen, kann nicht Lebenssinn sein. Und so ist das Kloster eben ein Haus, in dem die Mönche wohnen, das ihnen anvertraut ist, das sie einrichten, ordnen und gestalten. Aber zugleich wissen sie, dass es nicht das Eigentliche ist, wonach sie suchen.

Warum soll sich der Mönch der Welt entfremden?

Das ist in gewisser Weise zunächst ein Fremdwerden von der Welt, das schon im Evangelium verkündet wird. Wir sind in dieser Welt, und wir dürfen die Welt nicht verachten, weil sie von Gott geschaffen und uns von Gott anvertraut ist. Aber wir sollen uns nicht der Welt, wie sie ist, oder dem, was etwa alle machen und tun, einfach überlassen und uns treiben lassen. Gerade weil die Welt uns anvertraut ist, haben wird die Aufgabe, sie zu gestalten, und dafür brauchen wir die Distanz, um zu erfassen und zu erkennen, was aus der Welt werden soll, wie sie sich entwickeln soll, wie sie das werden soll, was in ihr angelegt ist. Sich von der Welt zu entfremden bedeutet, diese Distanz zu gewinnen und sich nicht bloß allen Einflüssen der Welt zu überlassen, sondern sich im Inneren zu fragen, was der Sinn des Lebens, was der Sinn der Welt ist, was für die Welt gut ist.

Du lebst seit 1952 im Kloster. Hatte deine Entscheidung, Mönch zu werden, mit der Erfahrung des Krieges zu tun?

Die Entscheidung für diesen Lebensweg hat sich bei mir allmählich herausgebildet. Aber sicherlich hat die Erfahrung dieser menschlichen Katastrophe dabei eine große Rolle gespielt. Ich war vierzehn Jahre alt, als der Krieg zu Ende ging. Ich habe die Angst in einer Diktatur erlebt und gesehen, zu welcher Zerstörung Götzenbilder führen. Die Illusion eines »tausendjährigen Reiches« wurde den Menschen in leuchtenden Farben ausgemalt. Es ist immer gefährlich, wenn irdische und vergängliche Ziele absolut gesetzt werden. Das führt letztlich in großes Leid und in den Tod. Viele sangen dieses Lied »Wir werden weitermarschieren, auch wenn alles in Scherben fällt« – und dann ist alles kläglich zerbrochen.

Damals habe ich als Christ erlebt: Was bleibt, ist Gottes Wort. Kehrt um, hat Jesus gesagt, denkt um, folgt mir nach und geht den Weg des Lebens! Im Lateinischen gibt es den doppelten Genitiv. Der Weg des Lebens meint da den Weg, den man im Leben geht und den Weg zum Leben. Das war für mich wichtig: In der Tradition des christlichen Mönchtums nach den Weisungen des Evangeliums den Weg zum Leben zu gehen.

Per ducatum evangelii, unter der Führung des Evangeliums soll der Mönch den Weg Gottes gehen, weil »jedes von Gott beglaubigte Wort des Alten und Neuen Testaments eine verlässliche Wegweisung für das menschliche Leben« ist. Machen Mönche mit der Bibel ernst?

Sie sollten es *(lacht)*. Benedikt mahnt uns, Hörende zu sein und sich vom Evangelium führen zu lassen. Das Kloster ist eine Schule des Hörens auf das Wort Gottes. Nach dem Hören kommt das Handeln. Das, was ich in meinem Inneren erfahre und als recht erkenne, dann auch in die Tat umzusetzen.

Leben Mönche nach anderen Regeln? Ist das Kloster ein Gegenmodell zur gesellschaftlichen Wirklichkeit?

Benedikts Modell des Klosters ist das Ideal einer Gemeinschaft, das sich auf die Urgemeinde bezieht, wie sie die Apostelgeschichte schildert: Sie waren ein Herz und eine Seele, niemand nannte etwas sein Eigen, sie hatten alles gemeinsam und sie verharrten im Gebet und in der Gemeinschaft. Das Kloster versucht also, einen Teil der Welt ideal zu gestalten, in der rechten Ordnung von Arbeit und Gebet auf Gott hin auszurichten. Es soll ein Ort des Friedens sein, in der die Einzelnen sich wechselseitig achten und gegenseitig dienen.

Aber Benedikt weiß auch, dass sich dieser Traum nie ganz verwirklichen lässt. Darum gebraucht er in seiner Regel öfter die schöne lateinische Wendung *quod absit*, was ferne sei, was Gott verhüten möge, wenn etwas nicht so ist, wie es eigentlich sein sollte. So sagt er zum Beispiel, wenn es passiert, dass die Mönche verschlafen, was ferne sei – denn es gehört ja zum Mönch, dass er früh aufsteht, aber es kann vorkommen, obwohl es eigentlich nicht vorkommen dürfte –, dann sollen die Lesungen gekürzt werden, damit der Tagesablauf nicht ganz durcheinandergerät.

Darin zeigt sich Benedikts Realitätssinn. Er weiß, wie die Menschen wirklich sind. Er biegt sich nicht die Wirklichkeit zurecht und sagt, was nicht sein darf, ist auch nicht.

Darin liegt die eigentliche Lebenskunst, mit dieser Spannung zwischen Ideal und Wirklichkeit umzugehen. Es wäre falsch, sich einfach mit den Dingen abzufinden, wie sie sind, nichts mehr zu erwarten und sich mit der Welt, wie sie ist, zu arrangieren. Aber genauso falsch wäre es, nur einem Ideal nachzuhängen und nicht mehr zu sehen, wie die Wirklichkeit ist. Im Extrem führt die eine Haltung zu reinem Pragmatismus und die andere zu blindem Fanatismus. Bei Benedikt gibt es deshalb immer diese Rücksichtnahme auf die Schwächen der Menschen. Er versucht beides zu verbinden: den Traum von einer idealen Gemeinschaft und das Wissen darum, das dieser Traum nur ansatzweise zu verwirklichen ist. Aber er gibt den Traum nicht auf, sondern versucht zu verwirklichen, was möglich ist.

Ist die Lebensweise des Mönchs eine Form des Widerstands gegen falsche Ansprüche der Gesellschaft?

Der Mönch stellt sich die Frage: Wie kann ich geistlich und sinnerfüllt leben? Eine der Aufgaben des geistlichen Lebens ist es, sich falschen Ansprüchen zu entziehen, die im Leben oder in der Geschichte verschiedene Ausprägungen annehmen können, wie im Nationalsozialismus – »Ein Volk, ein Reich, ein Führer« – oder im Kommunismus die Gesellschaft der Zukunft als das »Paradies auf Erden«. Das sind Ideen von einer besseren Welt mit fast religiösem Anspruch, für die das Leben von vielen Menschen geopfert wurde.
Falsche Ansprüche gibt es aber auch heute in der Ökonomisierung der Gesellschaft. Der Wert des einzelnen Menschen geht nicht in der Leistung auf, die er erbringt, und die Schönheit der Natur nicht in ihrer Verwertbarkeit. Da geht es darum, der Verzweckung des Menschen und der Schöpfung etwas entgegenzusetzen.

Die Entdeckung der Langsamkeit

Das Kloster ist ein Ort
der Stille,
der Entschleunigung.

Das Kloster ist ein Ort der Stille und Entschleunigung. Brauchen wir die »Entdeckung der Langsamkeit« in einer Welt, die immer komplexer, schneller und unübersichtlicher wird?

Der Fortschrittsgedanke »immer größer, immer schneller« kann in die Irre führen. Kennt ihr den Witz von den zwei Professoren, die irgendwo mitten in Deutschland in einen Intercity einsteigen? Nach einer Weile kommen sie ins Gespräch und erkundigen sich, was sie so machen und wo sie hinfahren. Da sagt der eine, er fahre nach Hamburg und halte dort einen Vortrag. Und der andere erzählt, er fahre nach München zu einer wichtigen Besprechung. Darauf entgegnet der Erste erstaunt: »Das ist ja wirklich ein Wunder der Technik, Sie fahren nach München, ich nach Hamburg – und wir sitzen im selben Zug.«
Je schneller wir werden, desto wichtiger ist es, innezuhalten und darauf zu achten, in welche Richtung wir fahren, sonst entfernen wir uns immer mehr von dem, wohin wir eigentlich wollen oder was gut für uns ist.

Wenn es um die richtige Richtung geht, spricht die Bergpredigt von den zwei Wegen: »Geht durch das enge Tor! Denn das Tor ist weit, das ins Verderben führt, und der Weg dahin ist breit, und viele gehen auf ihm. Aber das Tor, das zum Leben führt, ist eng, und der Weg dahin ist schmal, und nur wenige finden ihn.« Ist die Suche nach Gott immer mit Mühe und Anstrengung verbunden?

Das bedeutet, dass es für mich an einem bestimmten Punkt in meinem Leben einen Weg gibt, der vielleicht steiler, enger oder beschwerlicher ist als einer, den viele andere gehen, den ich aber dennoch einschlage, weil ich nicht mehr das tun kann, was alle tun, weil es ein Weg ist, der ins Verderben führt.

Sind dir nie Zweifel gekommen, ob das die richtige Lebensform für dich ist?

Ja, es gab immer wieder mal Zweifel, vor allem als ich jünger war. Ist das wirklich das Richtige für mich? In jedem Haus gibt es Mängel oder Dinge, die einem nicht so gefallen. Aber es hat sich mir bis heute eingeprägt, was damals ein Pater aus Metten zu mir sagte: »Sicher werden Sie mal den Gedanken haben, da haue ich wieder ab. Wenn Sie diesen Gedanken haben, dann sagen Sie sich: Ja, ich gehe weg, aber vierzehn Tage bleibe ich noch.« Und das hat sich bewährt, denn meist sieht es schon nach acht Tagen wieder ganz anders aus. Und so bin ich trotz mancher Schwankungen eben doch geblieben.

Benedikt sieht ja auch den Fall vor, dass ein Mönch das Kloster wieder verlassen will …

Ja. Deshalb, sagt Benedikt, sollen die weltlichen Kleider des Mönchs in der Kleiderkammer aufbewahrt werden, damit er sich anziehen kann, wenn er das Kloster wieder verlässt. Ein Mönch, der weggeht, hat die Möglichkeit, drei Mal zurückzukehren. Erst beim vierten Mal wird ihm die Wiederaufnahme verwehrt.

Odilo, du lebst seit über einem halben Jahrhundert im Kloster. Hast du Gott gefunden?

Das eigentliche Ziel des Mönchs ist nicht, Gott gefunden zu haben, sondern Gott zu suchen, immer wieder von Neuem nach ihm zu fragen. Es geht um diese beständige Hinwendung zu Gott.

Hast du Fortschritte auf der Suche nach Gott gemacht?

Der Fortschritt, von dem Benedikt in der Regel spricht und zu dem er die Mönche auffordert, ist ein Fortschritt in der Liebe. Denn was uns Gott ähnlich macht, ist die Liebe, die kein Maß kennt. Aber ich kann nicht sagen, da bin ich jetzt viel weiter, oder behaupten, ich kann inzwischen dieses oder jenes besser. Das würde genau dem widersprechen, was der eigentliche Fortschritt ist, nämlich der Fortschritt in der Demut. Denn es ist ja so: Je weiter ich voranschreite, desto mehr merke ich, wie weit ich noch von meinem Ziel entfernt bin. Je mehr ich in die Nähe Gottes komme, desto mehr spüre ich den Abgrund, der mich noch von ihm trennt. Das Bewusstsein, Sünder zu sein, ist ja bei den wirklichen Sündern am geringsten und bei den Heiligen am stärksten ausgeprägt.

Bist du also ein Heiliger?

(Lacht) Nein, das wollte ich damit nicht sagen. Aber es ist ja das gleiche Prinzip wie beim Wissen. Je mehr man weiß oder erkennt, desto mehr weiß man auch, was man nicht weiß. Das Nichtwissen wächst mit dem Wissen. Ich entdecke immer wieder etwas Neues, aber damit auch mehr Unbekanntes, und anderes stellt sich dabei als nicht richtig heraus. Begreifen wir heute das

Weltall besser als vor hundert Jahren, oder ist es noch rätselhafter geworden? Das ist dieses Moment der negativen Theologie. Es geht in kleinen Schritten vorwärts, und dann erkenne ich auf dem Weg, was Gott nicht ist. Das heißt, ich habe immer wieder Vorstellungen und Bilder von Gott, und dann erkenne ich, nein, das ist er doch nicht. Aber ich bleibe auf der Suche.

Wie würdest du einem Kind erklären, was Gott ist?

Ich würde über das Woher und Wohin sprechen und dem Kind sagen, Gott ist da, wo dein Herz und deine Seele daheim sind, woher sie kommen und wohin sie gehen.

Wo sollen wir nach Gott suchen?

Gott finde ich nur in meinem Inneren, wenn ich das Gespräch im Gebet mit ihm aufnehme. Er ist das Innere meines Innersten. Beten bedeutet, den Geist Gottes in sich selbst zu entdecken. Dies ist ein Weg nach innen, in die Fülle des Seins. Der, der sich auf den Weg zu sich selbst macht, in die eigene Mitte, ist in der Nähe zu Gott.

Jetzt läutet die Glocke zum Angelusgebet. Es ist zwölf Uhr. In einer Viertelstunde versammeln sich die Mönche im Oratorium zur Mittagshore. Für Odilo ist das Gespräch nun vorerst beendet. Für ein oder zwei Fragen bleibt aber noch Zeit. Nach zehn Minuten wird es noch einmal läuten. Dann werden wir zum Gebet aufbrechen, denn in der Regel steht: »Hört man das Zeichen

zum Gottesdienst, lege man sofort alles aus der Hand
(…) Dem Gottesdienst soll nichts vorgezogen werden.«

*Für uns, die wir nicht im Kloster leben, ist das kaum vorstell-
bar, viermal am Tag, wenn die Glocke zum Gebet läutet, alles
zu unterbrechen, was einem gerade wichtig erscheint. Fällt dir
das nicht manchmal auch schwer?*

Es geht nicht darum, alles stehen und liegen zu lassen,
wie der Maurer, der, wenn es zwölf Uhr schlägt, sofort
den Ziegel aus den Händen fallen lässt. Es bleiben nach
dem Läuten immer noch zehn oder fünfzehn Minuten,
in denen ich das beenden kann, was ich gerade tue, um
mich innerlich auf das Gebet vorzubereiten. Aber auch
für mich ist es manchmal nicht so einfach. Wenn ich
denke, das könnte ich jetzt noch fertig machen oder das
ist jetzt gerade interessant, das will ich jetzt noch wei-
terlesen. Aber dem Zeichen der Glocke zu folgen ist immer wieder eine wichtige Übung im Loslassenkönnen.

ÜBER DEN WEG ZUR
INNEREN MITTE

»Ja zu sagen zu seinem Leben.
Das ist der größte Schritt,
den man machen kann.«

Wer in einem Benediktinerkloster zum Essen eingeladen wird, lernt
das Glück der Gastfreundschaft kennen. »Alle Fremden, die kommen,
sollen aufgenommen werden wie Christus«, sagt Benedikt in der Regel. »Sobald ein Gast gemeldet wird, sollen ihm daher der Obere und
die Brüder voll dienstbereiter Liebe entgegeneilen.«
Genau so wird es auch heute noch praktiziert. Odilo führt uns nach
einer freundlichen Begrüßung nach oben ins Oratorium, denn vor dem
Essen wird gebetet. Auch wenn einige Rituale, die Benedikt vor 1500
Jahren verfügt hat, nicht mehr so streng befolgt werden, wie etwa die
Fußwaschung, die Abt und Brüder dem Gast angedeihen lassen sollen,
oder der Friedenskuss, der »wegen der Täuschungen des Teufels erst
nach dem Gebet« gegeben werden darf, fühlt man sich als Gast sehr
wohl und gut umsorgt.
Im Speisesaal der Mönche gibt es zwei Sorten Bier für die Gäste und
eine Überraschung. Der neue Abt serviert uns das Essen. Unabhängig von Ansehen oder Alter wird jeder Mönch abwechselnd zum
Küchendienst eingeteilt.
Odilios Nachfolger reicht uns freundlich die Salatschüssel. Als Haupt-
speise gibt es Fisch, weil Freitag ist. Doch halt, bevor das Essen aufgetragen wird, beten die Mönche gemeinsam. Wie es die Benedik-

tusregel aus dem Jahr 529 n. Chr. vorschreibt, beginnt jetzt die Tischlesung, die das Essen begleitet.

In St. Bonifaz hören wir in dieser Woche die *Umstrittene Wahrheit. Erinnerungen* des kritischen Theologen Hans Küng. Der provozierende Text lässt einige Mönche schmunzeln oder staunen. Auch aus der Regel wird bei diesem Mittagessen vorgelesen. Heute ist es ein Stück aus dem 48. Kapitel der Regel. »Müßiggang ist der Seele Feind«, heißt es da, »deshalb sollen die Brüder zu bestimmten Zeiten mit Handarbeit, zu bestimmten Stunden mit heiliger Lesung beschäftigt sein.« Genau das führt zum Thema des fünften Gesprächs. Wir wollen mehr über Meditation erfahren.

Gegen die sinnliche Lust, erfuhr der junge Benedikt, hilft ein
Bad in Disteln. Als in ihm die Glut der Begierde aufstieg, warf
er sich in die Dornen. Angeblich war er danach geheilt. Wie
machen das Mönche heute? Lässt bei dir wenigstens die Glut
nach fünfzig Jahren Klosterleben nach?

Es wäre eine fromme Lüge zu glauben, dass es im Alter
erheblich leichter wird. Viele Mönche jammern, weil sie
dachten, wenn sie alt sind, könnten sie gut beten und
ganz rein und keusch leben. Doch dann merken sie, dass
allerlei Gedanken noch eher kommen, weil man ja als
älterer Mensch viel weniger Konzentrationskraft hat.
Benedikt schlägt als Gegenmittel Dornen vor. Er weiß,
dass der Kampf gegen das Böse – hier wäre das die Ablenkung, Zerstreuung – nicht durch Konfrontation ge-
wonnen werden kann, sondern indem ich mich davon
abwende. Wir können das heute als Metapher auffassen.
Die Dornen wären dann ein anderer Reiz, dem ich mich
aussetze und mit dem ich mich beschäftige.

Außer Dornen empfiehlt die Benediktusregel auch Ruten-
schläge, wenn es auf anderem Weg gar nicht mehr geht. Wie
passt das zusammen mit dem Bild von Klöstern als Orten der
Ruhe und Kontemplation?

Geprügelt wird natürlich nicht im Kloster. Auch hier
handelt es sich um eine bildhafte Geschichte aus der
Vita, der Lebensgeschichte, des heiligen Benedikt, wie

sie Gregor der Große erzählt. Ein Mönch in einem der Klöster in Subiaco kann beim Gebet nicht ausharren, schweift umher, beschäftigt sich mit allem möglichen anderen. Der Abt des Klosters führt ihn zu Benedikt. Aber die Ermahnungen halten nicht lange an. Am dritten Tag fällt der Mönch wieder in die alte Gewohnheit zurück und schweift umher. Benedikt kommt ins Kloster und beobachtet, wie im Oratorium die Brüder in schweigendem Gebet verharren. Nur ein Mönch betet nicht, Benedikt sieht, wie ein kleiner schwarzer Knabe den Mönch, der es beim Gebet nicht aushalten konnte, am Saum seines Gewandes hinauszieht.

Ein kleiner schwarzer Knabe?

Das Gezogenwerden durch den »kleinen schwarzen Knaben« ist eine alte Metapher in der Mönchsliteratur, ein Bild für das Ausgeliefertsein an das Böse.

Wie geht die Geschichte mit dem vom schwarzen Knaben verführten Mönch weiter?

Benedikt fragt den Abt des Klosters und einen Mitbruder: »Seht ihr, wer es ist, der diesen Mönch hinauszieht?« Sie antworten: »Nein.« Darauf lässt er sie weiterbeten. Als sie zwei Tage gebetet hatten, sah der Mitbruder endlich den schwarzen Knaben, aber der Abt des Klosters konnte nichts sehen. Da nahm Benedikt eine Rute und schlug den Mönch wegen der Blindheit seines Herzens.

Hatte der Rutenschlag Erfolg?

132

Ja. Und der Mönch hatte von dem Tag an keine Einflüsterung des kleinen schwarzen Knaben mehr zu ertragen, sondern war andächtig und gesammelt beim Gebet. Am Ende der Geschichte heißt es: »Der alte Feind wagte es nicht mehr, die Gedanken des Mönchs zu beherrschen, als hätte er selber Schläge bekommen.«

»Alter Feind«, »Blindheit des Herzens«, »Einflüsterungen«, »schwarzer Knabe« – sind solche Umschreibungen im Zeitalter des Chattens, Downloadens und You-tube-Guckens noch brauchbar?

Heute wie vor 1500 Jahren braucht es eine innere Sicht für das, was wirklich geschieht. Der Rutenschlag wirkte wie eine Befreiung. Auch wir sind oft mit der Blindheit des Herzens geschlagen. Eine der größten Schwierigkeiten von uns modernen Menschen ist doch, dass wir uns sehr schwertun, bei etwas zu bleiben. Weil wir die vielen Anreize gewohnt sind. Das Fernsehen bringt immer kürzere Einheiten, immer schneller, immer spannender, immer verlockender. Ein Reiz kommt nach dem anderen, dadurch können wir schwer bei etwas bleiben.

Was entspräche dem modernen Rutenschlag?

Der Rutenschlag bedeutet, es braucht Anstrengung. Ich muss mir Zwang antun, um bei etwas zu bleiben. Dann aber erkenne ich, dass es sinnvoll ist, mich zu konzentrieren, nicht abzuschweifen. An der alten Geschichte vom schwarzen Knaben gefällt mir auch, dass es da so

Die Blindheit des Herzens

Der moderne Mensch
verliert sich allzu leicht in den
tausend Möglichkeiten.
Er lässt sich ablenken, es fällt
ihm schwer, bei einer Sache
zu bleiben. Er sieht nicht mehr,
wie er weggetrieben wird
von dem, was uns aufgetragen ist,
was eigentlich unser Leben
ausmacht: Liebe, Anteilnahme,
Mitmenschlichkeit.

eine tiefere Sicht gibt auf das, was die Versuchungen, die Bedrängnisse des Menschen wirklich sind.

Inwiefern?

Leben wir nicht alle in der Überzeugung, dass wir recht brave Leute sind, die immer das Gute wollen? Wir stellen ja nichts Besonderes an. Das Böse kennen wir nur aus den Medien, wenn wir uns täglich an Geschichten über Raubmord oder Korruption ergötzen. Das alles ist uns fern, darüber entrüsten wir uns nur. Wir sehen nicht mehr – wie der Mönch in der Geschichte –, wie wir uns abziehen lassen von dem, was uns eigentlich aufgetragen ist. Das ist diese Wegführung von dem, was unser Leben ausmacht: Liebe, Anteilnahme, Mitmenschlichkeit.

Ist Fernsehen das Böse?

Die Ablenkung ist das Problem. Fernsehen ist dafür nur ein Beispiel. Die vielen Möglichkeiten, die wir haben, die vermeintliche Freiheit, tun zu können, was wir wollen, ist eigentlich viel weniger wert als das Gegenteil: die Beschränkung.

Sollen wir uns also an die Kette legen, wie der Asket in der berühmten Geschichte, die uns Gregor der Große erzählt?

Ja und nein. Der Einsiedler Martinus hat sich auf dem Monte Marsico am Anfang seines Einsiedlerlebens eine eiserne Kette um den Fuß geschmiedet und an einem Felsen befestigt. Damit er nur so weit gehen konnte, wie die Länge der Kette reichte. So, meinte er, würde er ein besonders guter Diener Gottes werden. Weil er glaubte, er sei durch die Kette von der Versuchung des Umherschweifens bewahrt. Benedikt hört

Die vermeintliche Freiheit,
tun zu können,
was wir wollen,
ist viel weniger wert
als das Gegenteil:
die Beschränkung.

diese Geschichte und lässt Martinus durch einen Schüler ausrichten: »Wenn du ein Diener Gottes bist, dann soll dich nicht eine Kette aus Eisen halten, sondern die Kette Christi.« Der Einsiedler in der Höhle löste daraufhin sofort seine Fessel, ging aber von da an keinen Schritt weiter, als es ihm davor die Kette ermöglicht hatte.

Die Frage wäre also, ob wir am Anfang durchaus eine solche äußere Fessel brauchen.

In gewisser Weise ist das Kloster, die Klausur auch wie eine Fessel zu verstehen. Die Mauern geben einen äußeren Rahmen vor. Aber, und das will uns Benedikts Geschichte sagen, wir kommen nur weiter, wenn wir die äußeren Fesseln ablegen und aus innerer Freiheit heraus handeln.

Ist das die große Weisheit? Zu erkennen, dass wir nur ein bestimmtes Quantum an Möglichkeiten haben, und schließlich, dass das Freiheit bedeutet?

Ja. Das kann uns sogar gelingen, wenn wir buchstäblich ans Bett gefesselt sind, wie man so sagt. Es gibt ja im Leben immer wieder solche eisernen Fesseln, die uns ganz unvermittelt treffen. Zum Beispiel, wenn man krank wird. Das ist für jeden äußerst widerlich, man hat ja alles Mögliche geplant, der Terminkalender ist voll, und jetzt hält einen die Grippe im Bett fest. Man darf nichts tun und ist nicht mal fähig, etwas zu lesen. Dann merken wir, dass die Krankheit am Ende für den Körper durchaus gut war, dass Giftstoffe auf diese Weise rausgeschwitzt wurden.
Und wenn es uns jetzt gelänge, die Krankheit als Meditation zu nützen, dann könnten wir erfahren, dass uns diese Auszeit gut getan hat. Weil wir erkennen, dass wir zu schnell gelebt haben, maßlos waren. Und dass die Zeit im Krankenhaus eine sehr wesentliche Zeit war. Die Kunst bestünde nun darin, das, was ich erkannt habe, in meinen Alltag hineinzutragen.

Wie?

Durch ganz einfache Dinge. Es kommt darauf an, sich das Geschenk des Lebens bewusst zu machen. Eine Übung wäre, für einen Augenblick innezuhalten, wenn man aus dem Krankenhaus kommt. Jetzt atme ich wieder die frische Luft ein. Jetzt kann ich wieder gehen. Jetzt bin ich wieder frei. Das ist doch ein ungeheures Erlebnis! Es ist wichtig, dass wir das viel mehr

Die Kette des Einsiedlers Martinus

Martinus legte sich eine
eiserne Kette um den Fuß und
befestigte sie am anderen
Ende an einem Felsen, damit er nur
so weit gehen konnte, wie seine
Kette reichte.
Als Benedikt dies hörte, ließ er ihm
ausrichten: »Wenn du ein Diener
Gottes bist, soll dich nicht eine Kette
aus Eisen halten, sondern die
Kette Christi.« Auf dieses Wort hin
löste Martinus sofort seine Fessel,
ging aber von Stund an keinen
Schritt weiter, als sie es ihm zuvor
erlaubt hatte.

Gregor der Große: Der heilige Benedikt

genießen. Leider haben viele von uns das fast schon vergessen.

Muss man dafür wirklich erst mal hohes Fieber gehabt haben?

Auch ohne vorher krank zu sein, kann man solche Momente immer wieder im Alltag entdecken. Es tut uns gut, einmal ganz bewusst nichts in die Hand zu nehmen, kein Buch, keine Zeitung, kein Handy. Zu spüren, einfach nur da zu sein. Früher aufzustehen, das Auto stehen zu lassen und den Weg zum Büro als Wanderung zurückzulegen. Ich erinnere mich an die Ölkrise in den 1970ern, da gab es den autofreien Sonntag. Und alle haben hinterher gesagt: »Das war eigentlich wunderbar. Man ging spazieren und stand nicht im Stau.«

Der – nicht ganz freiwillige – Verzicht ist leichtgefallen, weil ja auch alle Nachbarn das Auto in der Garage stehen lassen mussten. Die Kunst wäre doch wohl, das freiwillig zu tun. Doch wie geht das? Wie kann ich das, was vernünftig, heilsam und wichtig für mich wäre, ohne den Zwang einer wie auch immer gearteten Kette tun? Wie der Einsiedler, der auch ohne Kette im vorher gesteckten Radius bleibt.

Im Alltag ist man oft ein Getriebener, der vermeintlichen Zwängen folgt. Wir wollen immer dies oder jenes haben, was aber gar nicht zu uns passt. Die größte Gefährdung ist ja, dass wir den vielen Möglichkeiten nachjagen, die wir gar nicht brauchen. Die Kette wäre im übertragenen Sinn, sich auf die Dinge zu konzentrieren, die zu unseren Anlagen und Fähigkeiten passen, statt zwanzig trügerischen Hirngespinsten hinterherzurennen.

Konzentration auf das Eigentliche statt Zerstreuung?

Das Gegenteil von Vielfalt wäre die Einfalt. Viele Menschen laufen ihr Leben lang den verlorenen Möglichkeiten nach; sie leben in der irrigen Annahme, sie hätten eigentlich das und jenes sein können ... Sie haben zum Beispiel nicht studiert und erfahren, dass andere, durchaus dümmere Leute, es zu Reichtum und Ruhm

---

Die Einfalt

Das Gegenteil von Vielfalt
wäre die Einfalt.
Viele Menschen laufen ihr Leben lang
einer Illusion nach.
Eigentlich hätte ich das oder jenes
sein können.
Hätte ich doch bloß dieses
oder jenes gemacht ...!

---

gebracht haben. Dann geht das große Lamentieren los. Wenn ich andere Eltern gehabt hätte, dann ... Oder wenn ich damals nur einen anderen Lehrer gehabt hätte, wäre ich nicht durchgefallen. Ach, hätte ich mich damals doch getraut und den Job in der anderen Stadt angenommen. Jetzt bin ich ein kleiner Beamter, und der andere ist ein berühmter Fotograf geworden und fährt in der Welt herum. Wenn man auf diese Weise die Schuld nur bei anderen sucht oder sich selbst auf eine Schuld festlegt, wird man nie frei und versöhnt mit seinem Leben.

Und was wäre ein Ausweg?

Es kommt für jeden darauf an zu erkennen: Jetzt ist meine Wirklichkeit aber so und so. Das ist mein Leben. Es gibt ein sehr schönes Gedicht, das ich gelegentlich zitiere, wenn Leute zu mir kommen und bedauern, dass sie im Leben diesen oder jenen Weg eingeschlagen haben. Oder die von einem Schicksalsschlag aus der Bahn geworfen wurden.

»Anderer Weg hat Rastplätze in der Sonne, sich zu begegnen. Aber dieser Weg ist der deine. Und es gilt jetzt, jetzt darfst du nicht versagen. Weine, wenn du kannst, doch klage nicht. Dich wählte der Weg und du sollst danken.«

Von wem ist das?

Von Dag Hammarskjöld, das war ein Diplomat, Generalsekretär der UNO, der 1961 mit dem Flugzeug über dem Kongo abgestürzt ist. Man hat sein Tagebuch gefunden und gesehen, dass er ein sehr religiöser, suchender Mensch gewesen ist.

Er schreibt: »Dich wählte der Weg.« Ist das Fatalismus? Muss man sich dem Schicksal ergeben?

Das ist dein Weg

Schritte werden Weg.
Was den Menschen auszeichnet,
ist seine Wegerfahrung.

Nein. Es geht um etwas ganz anderes: Im Jasagen liegt die Kunst des Lebens. Das ist der größte Schritt, den man machen kann. Zu diesem meinem Raum, also meiner Welt mit all ihren Beziehungen und Verflechtungen, Ja zu sagen. Dag Hammarskjöld schreibt ja auch: »Anderer Weg hat Rastplätze in der Sonne. Aber dieser Weg ist der deine.«

Ich will dazu ein Beispiel geben. Auf Bergwanderungen passiert es gelegentlich, dass man den falschen Weg erwischt oder eine Route gewählt hat, die relativ ungünstig ist. Dann blickt man nach oben und sieht die anderen Wanderer, die schon oben sind und womöglich auf einem wunderbaren Rastplatz in der Sonne sitzen und Brotzeit machen. Und ich hänge noch im Felsen und quäle mich durchs Gestrüpp und jammere. Statt zu sehen: Jetzt bin ich auf diesem Weg. Da gibt es auch viel Schönes zu entdecken. Die schwierige Route ist am Ende vielleicht sogar die interessantere. Es gilt, zu dem zu stehen, was du jetzt hast. Sich nicht vorzugaukeln, wie viele andere Möglichkeiten es gäbe, sondern Ja zu sagen zu dem, was jetzt geworden ist.

Das Jasagen ist nicht nur in der Werbung sehr in Mode. Ja sagen kann ich zur Margarine, der ultraleichten Zigarette und

142

zur Slipeinlage. Und auch im Leben kann ich mir dadurch vieles schönreden. Sag Ja zu Gier und Maßlosigkeit?

Da wären wir wieder bei den vielen Möglichkeiten. Der Versklavung der Seele und der Sucht nach Bedürfnisbefriedigung. Wer nur nach Lust und Laune handelt, verliert sich in der Beliebigkeit. Das mag schön sein für ein paar Tage, aber dann? Irgendwann führt das bei den meisten Menschen zu einer großen Leere, weil sie das geheime Müssen nicht erkennen.

Das geheime Müssen?

Dass es so etwas wie einen roten Faden in meinem Leben gibt. Dass ich einen Zusammenhang in meinem Leben sehe, der einen Sinn ergibt. Eine Einheit, die von Gott gegeben ist.

Die Entscheidung
Der größte Schritt, den ein Mensch machen kann, ist, Ja zu sagen zu seinem Leben. Zu seiner Welt mit all ihren Beziehungen und Verflechtungen.

Nur wer glaubt, wird selig?

Für den Gläubigen ist es sicher einfacher, das geheime Müssen zu verstehen. Ich kann es aber auch gerne etwas weniger religiös formulieren. Über dem antiken Tempel des Apoll in Delphi hing der Leitspruch *Gnothi Seautón – erkenne dich selbst*. Darin steckt die Aufforderung zu werden, wofür man bestimmt ist. Um das herauszufinden, brauchen wir die tägliche Übung.

Wer bin ich?
Über dem Tempel des Apoll in Delphi stand der Spruch: »Erkenne dich selbst.« Darin steckt die Aufforderung zu werden, wofür man bestimmt ist.

Wie kann ich üben, ich selbst zu sein?

Im Rückblick, im Innehalten sehe ich den Zusammenhang in meinem Leben am besten. Man kann anfangen mit einer Viertelstunde pro Tag. Mit einem Gebet oder einer Meditation am Abend, in der ich still werde, loslasse. In der ich alles ausblende, mich konzentriere und in mein eigenes Inneres gehe. Ich kann mit Gott den Tag besprechen, die schönen Dinge und auch den Ärger, den ich gehabt habe, meine Zweifel und meine Hoffnungen. Statt nur erschöpft ins Bett zu fallen und die Ereignisse des Tages einfach nur geschehen zu lassen, kann ich alles zusammenfassen, auf eine Einheit hin, auf den Einen hin. Und dabei werde ich dann so etwas wie einen roten Faden durch mein Leben hindurch entdecken.

Und wenn das nicht gelingt?

Gerade dann ist es wichtig weiterzumeditieren. Das Leben ist kein Kitschroman. Auch wenn wir diesen Wunsch nach einem Happy End haben. Manchmal erscheint uns unser Schicksal wie ein Irrweg, so als hätten wir uns im Wald verlaufen. Wir wissen, eigentlich war ich noch auf dem richtigen Weg, in der Beziehung zu einem anderen Menschen oder in der Wahl meines Berufs. Doch dann habe ich mich verführen lassen, viele Dinge haben mich in Beschlag genommen, und ich habe aus den Augen verloren, was bedeutend war. Darum ist es wichtig, in der Meditation Rückschau zu halten. Dabei mache ich die Erfahrung, dass ich mein Leben immer wieder neu erzählen kann. Ich finde meinen Weg und blicke auf ihn zurück. Dann sehe ich meine Irrwege, Umwege, die ich gemacht habe, und ich sehe auch, was nicht gelungen ist. Langsam wird das Herz klar und ich kann mir selbst begegnen. Was will ich eigentlich? Wodurch ist das, was ich als richtig erkannt habe, zugedeckt, zugeschüttet worden? Wann habe ich den Weg verlassen, der für mich gut war? Wie kann ich mein Leben ändern, damit ich wieder zurückfinde auf den richtigen Weg?

Ist Meditation ein Gespräch mit Gott?

Ich finde es wunderbar, dass ich als Glaubender nicht einfach dem, was geschehen ist, ausgeliefert bin. Auch das, was schiefgelaufen ist, kann ich vor Gott hinstellen. Was geschehen ist, kann ich nicht ungeschehen machen, aber in meinem Inneren kann ich es anders se-

Warum habe ich den Weg verlassen,
der für mich gut war?
Manchmal erscheint uns das Schicksal
wie ein Irrweg, als hätten wir uns
im Wald verlaufen.
Doch wenn wir innehalten und
meditieren, können wir Rückschau
halten und Abstand gewinnen.
Plötzlich sehen wir die Umwege und
Sackgassen, in die wir geraten sind.
Langsam wird unser Herz wieder klar
und wir finden unseren Weg.

hen. Mich vom Falschen abwenden, frei werden für die Zukunft. Offen werden für Versöhnung und für einen neuen Anfang.

Also doch ein Happy End wie in einem Roman? Wozu brauchen wir die Einheit, den Zusammenhang, den roten Faden?

Ich könnte als Mensch ja auch sagen, mein eigentliches Leben ist die Arbeit. Oder umgekehrt, nur die Freizeit zählt, dafür lebe ich. Im Job sitze ich nur meine Stunden ab, damit ich Geld verdiene, damit ich meinem Vergnügen nachgehen kann. Die Einheit hieße, dass ich sehe, dass mir das alles von Gott gegeben ist, sowohl die Freizeit als auch meine Arbeit. Aber weder Arbeit noch Freizeit sind das Wichtigste. Wichtig bin ich selbst. Dass ich derjenige bin, der das alles tut, dass mein Leben nicht beliebig ist, sondern sinnvoll – sinnvoll auch für andere.

Nietzsche sagt: »Werde, der du bist.«

Dieses »Werde, der du bist« heißt natürlich, dass ich auf jeden Fall in mich gehen muss. Von der Außenwelt können Anregungen kommen, aber das Eigentliche finde ich nur, wenn ich in mich hineinhorche. Doch das ist gar nicht so einfach, denn der Mensch ist ja sehr stark von der Erziehung beeinflusst und geprägt davon, was andere Leute von ihm erwarten. Und es gibt die Verlockungen, wie sie uns etwa die Reklame vorgaukelt: Glücklich bist du, wenn du dieses oder jenes hast und tust. Meist entspricht das nicht dem eigenen Innersten.

Der rote Faden

Ihn zu entdecken, ist ganz einfach.
Nehmen Sie sich eine Viertelstunde
pro Tag frei. Fangen Sie mit einer
Meditation oder einem Gebet am
Abend an, bei dem Sie still werden
und loslassen.

Blenden Sie den Alltag aus und
konzentrieren Sie sich auf Ihr Inneres.
Man kann mit Gott den Tag
besprechen, die schönen Erlebnisse
genauso wie den Ärger, die Zweifel
und Hoffnungen.

Und dabei werden Sie schließlich so
etwas wie einen roten Faden durch
Ihr Leben entdecken.

Doch wie finde ich, was in mir ist?

Das ist die entscheidende Frage: Wie kann ich der bloßen Willkür eines zufälligen Lebens entkommen, welches sich nur den jeweiligen Launen zwischen Schlaf und Spiel ergibt? Wir haben schon einmal darüber gesprochen. Augustinus sagt: »Wenn du die Wahrheit suchst, dann geh in dich.« *In interiore homine*, im Inneren des Menschen, wohnt die Wahrheit. Doch damit gibt sich Augustinus nicht zufrieden. Wenn du dein Inneres gefunden hast, dann, *transcende et te ipsum*, übersteig dich noch selbst. Ich kann erspüren, dass da mehr als ich in mir ist, der göttliche Grund.

Auf Ignatius von Loyola gehen die sogenannten Exerzitien zurück. Er verfasste 1533 die »Ejercicios espirituales«, spanisch für »Geistliche Übungen«. »Unter geistlichen Übungen ist jede Weise, das Gewissen zu erforschen, sich zu besinnen, zu betrachten, mündlich und geistig zu beten und andere geistliche Betätigungen zu verstehen.« Streng genommen sind das ja Übungen für Mönche und Asketen. Inwiefern kann auch der Alltagsmensch von solchen Exerzitien etwas lernen?

Wir haben alle eine Sehnsucht, ein Bedürfnis nach der Einheit. Deshalb muss man aber nicht gleich Mönch oder Nonne werden. Es reicht, wenn ein Gläubiger und Suchender sich bewusst Zeit nimmt für die Meditation oder das Gebet. Wir sprachen eben von der Viertelstunde des Innehaltens am Abend. Die Exerzitien, also die geistlichen Übungen, erfordern einen längeren Zeitraum. Ignatius hat vier Wochen vorgeschlagen, aber es ist auch kürzer möglich. Viele christliche Gemeinden bieten Kurse für »Exerzitien im Alltag« an. Wir Benediktiner laden zur Besinnung für einige Tage zum »Kloster auf Zeit« ein.

Odilo, du bist ja ein bekannter Exerzitienmeister, der regelmäßig in verschiedenen Klöstern geistliche Übungen für die Mönche leitet. Was wird da eigentlich geübt?

Die Exerzitien wollen anregen, sich neu auf den geistlichen Weg einzulassen. Wir leben nicht nur vom Kopf her, sondern vom Herzen. In der Übungsmethode von Ignatius werden in den Exerzitien die Sinne geschult. Etwa bei der »sichtbaren Betrachtung der Besinnung«. Dabei wählt man ein Objekt und imaginiert mit der Vorstellungskraft den Raum, in dem sich die Sache befindet.

Was stellt man sich zum Beispiel vor?

Man betrachtet Jesus. Ich stelle mir den Ort seiner Kreuzigung vor oder den seiner Auferstehung. Ich versetze mich mit allen Sinnen hinein in das Geschehen, so als ob ich dabei wäre. Ich höre, was da geredet wird. Ich sehe, ich rieche, was da geschieht. Das versteht man unter Erleben oder Erfahren. Es gibt unterschiedliche Wege und Übungen in den Exerzitien.

Was ist die benediktinische Art der Versenkung?

Neben dem gemeinsamen Stundengebet und der Schulung des Schweigens ist da vor allem die Lesung.

Wir Benediktiner pflegen die *lectio divina*, die geistliche Schriftlesung, wie sie schon von den alten Kirchenvätern geübt wurde. Sie vollzieht sich in drei Schritten: *lectio, meditatio, oratio*. In der *lectio* wird der Text laut gelesen, in der *meditatio* geht es um die Ausfaltung und Durchdringung des Textes, eine Art »wiederkäuendes Betrachten«, das den Geschmack am Gelesenen freilegt.

»Die Lesung informiert über das, was wir nicht wissen, die Meditation lässt uns die Frucht bewahren«, befand im 8. Jahrhundert der französische Benediktinerabt Smaragdus.

Ja. Danach kommt der dritte Schritt der Schriftlesung, die *oratio*. Das Gebet ist das eigentliche Ziel der *lectio divina*. Die *oratio* ist die Antwort auf das Wort Gottes und kommt aus der Tiefe des menschlichen Herzens.

Wie viel Zeit verbringt ein Mönch mit der Lesung?

Benedikt gibt der *lectio divina* viel Raum im Tagesablauf. Er spricht in der Regel immer wieder davon, dass die Brüder zu bestimmten Stunden unbeschwert sein sollen für die Lesung. Dabei gebraucht er das lateinische *vacare* – frei sein, leer sein. Benedikt kennt die Gefahr der *acedia*, der geistlichen Trägheit, der Schwermut, wir würden heute Depression sagen. Sie wird schon von den Wüstenvätern als alte Mönchskrankheit erwähnt. Frei sein ist das Gegenteil und das beste Gegenmittel zur *acedia*.

Om mani padme hum – ist dieses »Wiederkäuen« mit dem Mantra des Hinduismus verwandt? Mantra heißt ja wörtlich übersetzt »Instrument des Denkens«.

Die Wiederholung eines wichtigen Wortes oder Gebets ist ähnlich dem Mantra eine der meditativen Weisen, um tiefer in sich hineinzukommen und etwas gründlicher aufzunehmen. Am bekanntesten ist das Jesusgebet der Ostkirche »Jesus Christus, Sohn des lebendigen Gottes, erbarme dich meiner«. Es wird vom Meditierenden immerzu wiederholt, bis es mühelos in den Rhythmus seines Atmens eingeht. Wenn es dann so gegenwärtig geworden ist, kann der Mönch diese Übung sogar in den Alltag tragen und mit dem Gebet seiner Arbeit nachgehen.

Meditieren
Spüren, was mich trägt,
die innerste Mitte.

Ich vergleiche das gerne mit den Bekundungen eines Liebespaars, das sich ständig mitteilt: »Ich hab dich gern, ich liebe dich, du bist mein Schatz.« Informationswert hat das keinen mehr, und trotzdem ist es etwas ganz Elementares, weil der Liebende das immer wieder gern hört und es anders und tiefer aufnimmt.

Im Zen-Buddhismus gibt es einen äußeren und einen inneren Weg bei der Meditation. Wie ist das bei den geistlichen Übungen der Mönche?

Man könnte sagen: In diesem Üben gibt es auch die zwei verschiedenen Wege: einen des Von-sich-weg-Gehens, des Nach-außen-Gehens – und einen des Ganz-nach-innen-Gehens. Eine Weise zu meditieren ist, dass ich mich ganz von meinen eigenen Gedanken und Sorgen löse und zum Beispiel ein Bild anschaue oder ein Geschehen betrachte. Ganz darin lebe und ganz darin aufgehe. Wenn ich etwa Jesus erlebe und sehe, wie er Kranken die Hände auflegt. Dadurch komme ich zu etwas Heilbringendem.

Ganz anders funktioniert die östliche Meditationsweise. Bei der Zen-Methode löse ich mich immer mehr von den sinnlichen Bildern. Alle Bilder, die ich im Kopf habe, entfernen sich, und ich erfahre dabei so etwas wie das Nichts. Dass ich spüre, dass das, was mich eigentlich trägt, die innerste Mitte, mehr ist, ganz anders ist als die einzelnen Dinge, die ich sehe. Das wäre ein Zustand, bei dem man nichts mehr von dem denkt, was endlich und begrenzt ist. Nichts Einzelnes mehr, das ich identifizieren kann: der namenlose Gott, der bildlose Gott. Aber, wo es das Nichts gibt, muss es auch das Gegenteil geben: die Fülle. Dieses »Nichts« ist für mich der Hinweis auf eine absolute Fülle.

Es gibt auch eine Meditation, bei der man sich seinen eigenen Tod vorstellt. Buddha empfiehlt dem Mönch, sich bei der täglichen Meditation das eigene Ende bildlich vor Augen zu führen, so weit, bis der Körper verwest und die Würmer den Leib zerfressen.

Auch Benedikt empfiehlt das den Mönchen in seiner Regel.

Wenn morgen alles vorbei wäre, muss man dann alle uner-
ledigten Dinge wirklich klären? Es gibt Leute, die sich bei der
Vorstellung hysterisch ans Telefon setzen und alle anrufen
würden, um sich zu entschuldigen oder zu gestehen, dass sie
jemanden geliebt haben …

Man kann einen Weg nicht rückgängig machen. Es gehören ja immer zwei oder mehrere zu einer Beziehung.
Und es ist sehr gut möglich, dass sie jeder anders emp-
funden hat. Oft wissen wir gar nicht, dass wir jemanden
ungeheuer verletzt haben. Und umgekehrt ist es mit der
Freude. Wir waren in einer Situation froh, aber womöglich hat sie ein anderer vollkommen anders erlebt.
Natürlich ist es gut, sich zu versöhnen oder seine Liebe
mitzuteilen, aber man sollte sich immer dessen bewusst
sein, dass man schließlich nicht alles bereinigen kann.

Nach Montaigne wäre die allerwichtigste Frage, die sich jeder
Mensch stellen sollte, seine Haltung gegenüber dem Tod.

Ja, wenn man sich damit auseinandergesetzt hat, sieht
man das Leben gelassener. Es relativiert sich vieles, und
ich finde wieder die rechte Offenheit. Für das Heute,
für die Wirklichkeit, wie sie ist. Deshalb ist für Benedikt
ganz klar, dass der Lebensweg nicht einfach jäh ab-
bricht, sondern dass er ein Ziel hat. Und aus diesem
Grund besagt seine Regel, dass man sich den eigenen
Tod täglich vor Augen stellen soll, weil das mit zum
Weg gehört.
Das macht nicht traurig, es bedrückt mich nicht, sondern es ist das Selbstverständliche. Ich weiß, ich kann
jederzeit sterben. Jetzt kommt es darauf an, dass ich auf

eine Weise lebe, die vor dem Augenblick des Sterbens bestehen kann. Diese Erkenntnis ordnet und klärt vieles. Wenn ich in diesem Moment sterben würde, wäre manches nicht so wichtig, das mir gerade jetzt unendlich große Sorgen macht. Womöglich würde mir im Angesicht des Sterbens auch einiges, was ich als ganz große Lust empfinde, schal werden und nichts bedeuten.

> »Im Inneren des Menschen wohnt die Wahrheit.
> Geh nicht hinaus, sondern kehre zu dir selbst zurück.«
>
> *Augustinus*

Und umgekehrt wird anderes, das stiller und einfacher war, in der Stunde des Todes als große Freude und schönes Erlebnis vor mir stehen. Und auch das, was ich Gutes tun durfte, würde mich mit frohem Herzen in den Tod begleiten.

Was bedeutet der Tod für dich?

Mich schreckt der Gedanke des Todes eigentlich nicht. Ich habe mir immer vorgestellt, wenn ich über 60 bin, dann werde ich mich auf das Sterben vorbereiten. Als ich 65 wurde, sagte ich mir, das hat noch bis zum 70. Geburtstag Zeit. Dann werde ich loslassen und langsam an die Ewigkeit denken. Nun gehe ich bald auf die 80 zu – und so schiebe ich das immer weiter hinaus.

Mozart schreibt in einem Brief an seinen Vater, er würde am Abend immer denken, dass er am nächsten Tag tot ist. Trotzdem, so schreibt er weiter, wird niemand behaupten können, er sei ein trübseliger Mensch. Das wäre diese Gelassenheit, die vieles, was uns bedrückt, entkrampft.

Gibt es auch für einen »Profi« wie dich noch etwas, das du ins Reine bringen möchtest?

Niemand ist in dieser Sache ein Profi. Da geht's um mich, da hilft die Theologie nichts. Meine persönliche Beziehung zu Gott ist gefragt und ob ich sie ernst nehme. Es ist meist so beim Menschen, dass er sich den letzten Dingen lange nicht zu stellen braucht. Denn solange alles gut läuft, sieht er dafür keinen Grund. Ich denke, bei jedem, auch bei mir, wird die Gelegenheit kommen. Vielleicht eine schwere Erkrankung, die mich natürlich ganz anders zwingt, mich mit mir auseinanderzusetzen.

Sechstes Gespräch

ÜBER ARMUT, REICHTUM UND VERZICHT

»Was uns reich macht, sind Beziehungen
zu Menschen, nicht, was wir besitzen.«

Karlstraße München. Nirgendwo in der Stadt ist der Gegensatz von
Reich und Arm so offensichtlich. Auf der linken Straßenseite die vor-
nehmen Lenbach Gärten mit den gläsernen Büros der Unterneh-
mensberatung McKinsey und dem Münchner Sitz des Glamour-Ver-
lags Condé Nast. Auf der rechten Seite die Obdachlosenhilfe des
Klosters St. Bonifaz. Nur 20 Meter Luftlinie trennen die Essensaus-
gabe der Armenspeisung vom Gourmettempel »Davvero« im Lu-
xushotel »The Charles«. 130 Plätze hat das feine Restaurant mit Blick
ins Grüne auf den Alten Botanischen Garten und das neu errichtete Max-Palais. Eine kalte Tomatensuppe mit Gurken und Paprika für
9 Euro steht als billigste Option auf der Speisekarte. Gratis hingegen ist das Essen für die etwa 150 bedürftigen Frauen und Männer,
die täglich ins Kloster kommen; auch Kleidung gibt es hier umsonst,
ebenso wie ärztliche Betreuung und eine Duschmöglichkeit. Im Hotel
gegenüber hätte zwar die Dusche Massagedüsen, dafür müsste man
aber rund 500 Euro investieren, denn so viel kostet das günstigste
Zimmer, Kategorie »Classic King«, für eine Nacht.
Im Hof des Klosters stehen einige erstaunlich junge Obdachlose im
Gespräch mit Abt Odilo und dem Prior Frater Emmanuel. Frater Ema-
nuel kennen wir schon von früheren Besuchen, er singt im Oratorium
die Psalmen mit einer überirdisch schönen Stimme. Seine Aufgabe ist

die Betreuung von Menschen ohne festen Wohnsitz in der Haneberg-Stiftung. Die Einnahmen des Wirtschaftsklosters Andechs mit seiner Brauerei machen die Abtei St. Bonifaz nicht nur unabhängig von der Kirchensteuer, sondern ermöglichen vor allem die umfangreiche Obdachlosenhilfe. »Arme bewirten« und »Den Nächsten lieben wie sich selbst« schreibt die Benediktusregel im Kapitel »Die Werkzeuge der geistlichen Kunst« vor. Womit wir auch schon beim Thema des sechsten Gesprächs sind.

Macht Geld glücklich?

Reichtum an sich macht genauso wenig glücklich wie bittere Armut. Wenn man sich fragt, ob Reiche in Wirklichkeit arm sind oder Arme reich, dann ist das zunächst mal eine naive Vorstellung. Es gibt ja neuerdings das Lob der Armut. Vor ein paar Jahren wurde ein Buch mit dem Titel *Die Kunst des stilvollen Verarmens* ein Bestseller. Ich sehe da ein gewisses Dilemma, wenn das ein Reicher im bequemen Lehnstuhl schreibt, der alles hat. Angesichts der weltweit zunehmenden Armut ist die Vorstellung makaber, zunächst einmal reich zu sein, bevor man es sich leisten kann, auf spirituelle Weise arm zu werden. Andererseits fällt beispielsweise auf, dass in der U-Bahn in Rio de Janeiro lauter fröhliche Menschen sitzen und lachen, obwohl sie nicht viel haben – bei uns hingegen lauter mürrische Leute. Das stimmt doch nachdenklich.

Wer sich für ein Leben als Mönch entscheidet und ins Kloster eintritt, muss alles, was er besitzt, weggeben: »Wenn er Eigentum hat, verteile er es vorher an die Armen oder vermache es in aller Form durch eine Schenkung dem Kloster.« Ist es dir schwergefallen, alles wegzugeben?

Nein, aber ich habe damals als junger Student nach dem Krieg auch nicht viel gehabt.

»Eher geht ein Kamel durch ein Nadelöhr, als dass ein Reicher
in den Himmel kommt«, verkündet die Bibel. Muss man arm
sein, um Gott zu gefallen?

Armut ist für Benedikt kein Wert an und für sich. Er ist
auch kein Freund der radikalen Armut, sondern des
rechten Maßes, und setzt sich für den sinnvollen Umgang mit der Schöpfung und dem Besitz ein. Es gibt andere Orden, wie etwa die Franziskaner, die nach radi-
kalem Armutsideal leben und wirklich ganz arm sein
wollen, um frei zu sein, eine merkwürdige Dialektik.
Denn ich mache mich, wenn ich kein Geld und keinen
Besitz habe, abhängig davon, dass mir andere Leute
etwas geben. Ich mache mich von dem Vertrauen abhängig, dass mir etwas zufließt.
Aber in dieser Abhängigkeit und im Vertrauen darauf,
sie bewältigen zu können, werde ich zugleich vollkommen unabhängig vom Besitz. Niemand kann mir dann
etwas nehmen, weil ich ja nichts zu verlieren habe. Wer
viel besitzt, muss es verteidigen und verwalten. Das erfordert Zeit und Mühe. Wer nichts besitzt, dem gehört
eigentlich alles.
So gesehen ist der Arme ganz reich, weil ihm die ganze Welt gehört. Er kann sich an einem herrlichen See an
der Schönheit der Natur freuen. Das ist womöglich ein
größerer Genuss, als wenn ein Reicher hinter den hohen Mauern seiner Parkanlage sitzt und dauernd Angst
vor Einbrechern hat.

In der biblischen Geschichte vom reichen Jüngling heißt es:
»Geh, verkaufe, was du hast, gib das Geld den Armen (…)
und folge mir nach!«

Das Markusevangelium erzählt hier von einem Menschen, der seinen Besitz nicht loslassen kann. Es ist nicht gut, an Besitz zu hängen. Wichtig ist es, sich zu entscheiden, wem oder was man dient. Dient man dem Geld und lebt nur dafür, wird man irgendwann sein Diener. Niemand kann zugleich Gott und dem Mammon dienen, heißt es in der Bergpredigt. Aber das bedeutet nicht, arm und abhängig zu sein, sondern verantwortungsvoll und maßvoll mit den irdischen Dingen umzugehen. Gott hat uns zur Mitgestaltung der Schöpfung aufgerufen. Verantwortung zu übernehmen bedeutet, darauf im Alltag eine Antwort zu geben.

>>Jedem wurde so viel zugeteilt,
wie er nötig hatte.<<

Apostelgeschichte

Auch der Mönch lebt ja nicht außerhalb der Welt, sondern, wie jeder andere auch, in einer Gemeinschaft, für die er Sorge tragen muss. Er muss etwas zu essen und zu trinken haben, ein Haus, in dem er schlafen, arbeiten und beten kann, und einen Garten, der das Kloster versorgt. Wir können nur leben, weil andere vor uns da waren, weil andere für uns und wir für andere da sind. Das bedeutet, wir können nur leben in einer Welt, die in etwa in Ordnung ist.

Deshalb ist es gut, wenn jeder einen Beitrag dazu leistet. Es macht niemanden glücklich, auf Kosten anderer zu leben.

Ist es der Wunsch nach Selbstständigkeit, der die Arbeit gerade für Benediktiner zu einem besonders wichtigen Bestandteil des klösterlichen Lebens macht?

Auch Mönche können nicht ununterbrochen beten …
(lacht)

Aber die Arbeit gehört für Benedikt zum Mönchsein: »Sie sind nur dann wirklich Mönche, wenn sie (…) von ihrer Hände Arbeit leben.«

Ja, es geht natürlich zum einen um die Notwendigkeit, den Lebensunterhalt zu verdienen. Das Haus Gottes muss bestellt werden. Dann ist Arbeit im klösterlichen Rhythmus ein körperlicher Ausgleich zu den geistigen Tätigkeiten, zum gemeinsamen Gebet und zur Lesung der Heiligen Schrift. Die Beschäftigung hat auch einen asketischen Sinn, sie beugt der Zerstreuung, Traurigkeit und Trägheit vor. »Da nimm, arbeite und sei nicht traurig.« Aber darüber hinaus ist Arbeit für Benedikt auch etwas Wertvolles, weil in allem Tun, nicht nur im Gebet, »Gott verherrlicht« werden soll. Selbst in einfachen Tätigkeiten wie etwa dem Küchendienst.

Benedikt verlangt von den Mönchen also nicht, arm zu sein, aber die Regel verbietet jeglichen »Eigenbesitz« im Kloster: »Keiner habe etwas als Eigentum, überhaupt nichts.« Warum dürfen Mönche nichts besitzen?

Wer ins Kloster geht, entscheidet sich dafür, in einer Gemeinschaft mit anderen Gott zu suchen. Benedikts Vorbild ist die erste christliche Gemeinde, wie sie die

Apostelgeschichte schildert: »Jedem wurde so viel zugeteilt, wie er nötig hatte.« Es geht ihm nicht darum, ein Leben in Armut zu führen, sondern zunächst einmal um die innere Unabhängigkeit von materiellen Werten und zweitens um die Unterscheidung zwischen dem, was notwendig und dem was überflüssig ist.

Wer hat mehr?
Vergleich dich nicht mit anderen, und du wirst Ruhe finden.
Der Wert des Einzelnen hängt nicht davon ab, was er besitzt oder leistet.

Warum ist Eigentum für Benedikt ein Laster?

Das Kloster soll ein Haus des Friedens sein. Eigenbesitz verführt dazu, sich dauernd mit anderen zu vergleichen: Wer hat weniger? Wer hat mehr? Dieses ständige Vergleichen stiftet Unfrieden. Man soll erkennen, dass der Wert des Einzelnen nicht davon abhängt, was er besitzt oder leistet. Jeder hat seine Eigenart, seine Stärken und Schwächen. Die alten Wüstenväter, die ersten christlichen Mönche des Abendlandes, sagen: »Vergleich dich nicht mit anderen, und du wirst Ruhe finden.«

Für den modernen Menschen ist das eine echte Herausforderung. Der englische Philosoph David Hume hat das schon vor

163

250 Jahren auf den Punkt gebracht: Alles wird vergleichsweise geschätzt.

Das stimmt, der Vergleich prägt ja das Leben in unserer Gesellschaft, in der Wettbewerb und Konkurrenz herrschen. Aber zum Menschsein gehört noch etwas anderes. Vor ein paar Jahren habe ich einem 100-Meter-Lauf von Behinderten zugesehen. Nach dem Startschuss ist ein Läufer gestolpert und hingefallen. Da sind alle anderen stehen geblieben und haben auf ihn gewartet. Für mich ist das ein schönes Beispiel für die Solidarität einer Gemeinschaft. In jedem von uns steckt auch ein Stolperer.

Aber kann man sich dem ständigen Vergleichen überhaupt entziehen?

Das ist das Schwierige. Gerade deswegen ist es die Aufgabe des Mönchs, dem etwas entgegenzusetzen und sich von diesen äußerlichen Dingen unabhängig zu machen. Durch Einübung des Verzichts versucht er, seine innere Mitte zu finden. Das gelingt freilich auch dem Mönch nicht immer.

»Um dieses Laster des Eigenbesitzes mit der Wurzel auszurotten, muss der Abt alles Notwendige geben: Kukulle, Tunika, Socken, Schuhe, Gürtel, Messer, Griffel, Nadel, Tuch, Schreibtafel; so kann sich keiner damit entschuldigen, es habe ihm das Notwendige gefehlt.« Es ist nicht immer leicht, zwischen dem Notwendigen und dem Überflüssigen zu unterscheiden. Besonders wenn man kein Mönch ist.

164

Das ist eine Frage, die sich jeder stellen sollte: Was suche ich und was brauche ich dafür? Was macht mich wirklich glücklich? Was muss ich dafür tun und worauf muss ich dafür verzichten? Ignatius von Loyola nennt diese Haltung, die zur inneren Unabhängigkeit vom Habenwollen führt, Indifferenz. Ich bin dafür gleichgültig, ob ich dieses oder jenes habe. Wenn es aber dem guten Zweck dient, dann ist es recht. Wenn nicht, dann brauche ich es nicht.

Was suche ich und was
brauche ich dafür?
Jeder sollte darüber nachdenken:
Was macht mich wirklich glücklich?
Was muss ich dafür tun –
und worauf muss ich deswegen
verzichten?

Benedikt zitiert in der Regel die biblische Warnung: »Nehmt euch in Acht, dass nicht Unmäßigkeit euer Herz belaste.« Warum gehört Verzicht zu einem gelingenden Leben?

Benedikt sagt das im Kapitel »Das Maß der Speise«. Unmäßigkeit heißt beim Essen und auch beim Trinken, dass ich mich anfülle und mich dadurch beschwere. Wenn ich zu viel esse, werde ich schwer und kann mich nicht mehr bewegen. Wenn ich zu viel trinke, wird mein Geist umnebelt. Das gilt, denke ich, für alles, wo die Gier den Menschen erfasst und beherrscht. Das

Das Maß der Speise

Nach unserer Meinung dürften für
die tägliche Hauptmahlzeit, ob zur
sechsten oder neunten Stunde,
für jeden Tisch mit Rücksicht auf die
Schwäche Einzelner zwei gekochte
Speisen genügen. War die Arbeit
einmal härter, liegt es im Ermessen
des Abtes, etwas mehr zu geben,
wenn es guttut. Doch muss vor allem
Unmäßigkeit vermieden werden;
und nie darf sich bei einem Mönch
Übersättigung einschleichen. Denn
nichts steht so im Gegensatz zu
einem Christen wie Unmäßigkeit.
Sagt doch unser Herr: »Nehmt
euch in Acht, dass nicht Unmäßigkeit
euer Herz belaste.«

Benediktusregel

Eigentliche an der Unmäßigkeit ist aber, dass wegen ihr kein Raum mehr für anderes bleibt. Wir sind begrenzte Wesen und können nicht unendlich vieles in uns aufnehmen. Wenn mein Bauch voll ist, kann ich mich anderen Dingen nicht mehr widmen. Das bedeutet: Um das rechte Maß zu finden und dafür zur sorgen, dass das, was ich wirklich brauche und was mir wirklich wertvoll ist, auch in mir Platz hat, muss ich immer wieder Raum schaffen.

Das Wort Askese kommt aus dem Griechischen und bedeutet zunächst einfach Übung. Ursprünglich war damit die körperliche und geistige Vorbereitung der Athleten auf den Wettkampf gemeint.

Ja, Askese meint Einübung im rechten Maß oder eben auch Verzicht, Vorbereitung auf etwas, das mir wichtig ist. Asketisch klingt immer etwas negativ, weil wir mit diesem Wort einen Menschen verbinden, der sich nichts gönnt oder zu etwas zwingt. Aber eigentlich bedeutet es nur: Ich übe mich darin, das rechte Maß zu finden – und das geht nur durch Verzicht.
Wir haben alle unsere Wünsche oder Begierden nach diesem oder jenem. Wenn ich nun für etwas, das mir wichtig ist, Platz brauche, dann muss ich auf anderes verzichten. Das ist ein Wesenselement der menschlichen Freiheit, denn es gibt immer mehr Möglichkeiten, als man ergreifen kann. Ich kann nicht zehn Frauen heiraten, sieben Fächer studieren oder fünf Berufe ausüben. Ich muss mich für einen Weg entscheiden. Jede Wahl bedeutet, dass ich mich auf etwas Bestimmtes konzentriere und unvermeidlich andere Möglichkeiten ausschließe.

Der Verzicht

Wir haben alle unsere Wünsche oder Begierden.

Wenn ich nun für etwas, das mir wichtig ist, Platz brauche, dann muss ich auf anderes verzichten.

Das ist ein Wesenselement der menschlichen Freiheit, denn es gibt immer mehr Möglichkeiten,

als man ergreifen kann. Ich kann nicht zehn Frauen heiraten, sieben Fächer studieren oder fünf Berufe ausüben. Ich muss mich für einen Weg entscheiden. Jede Wahl bedeutet, dass ich mich auf etwas Bestimmtes konzentriere und unvermeidlich andere Möglichkeiten ausschließe.

Wie kann ich unterscheiden, worauf ich mich einlassen und worauf ich besser verzichten sollte? Wie finde ich mein Ziel?

Das kann sicher nur jeder für sich selbst suchen und herausfinden. Die Wurzel der Weisheit liegt für Benedikt im Hören. Mit dem inneren Hören fängt alles an, dann kommt das Armwerden, um reich zu werden. Danach kann man auch das Sehen wieder neu lernen. Die ersten Worte der Regel sind: »Höre, mein Sohn, auf die Weisung des Meisters, neige das Ohr deines Herzens.«

Und wer keinen Meister hat, auf den er hören kann?

Für den Mönch sind das die Weisungen Gottes. Aber man kann das auch zunächst einmal lediglich als Bild verstehen. Benedikt spricht von den Ohren und Augen des Herzens. Ein Hörender zu werden bedeutet, sich in der Achtsamkeit auf das zu üben, was einen wirklich berührt, und das dann auch zu tun, zu gehorchen. Wie es in einem schönen Wort von Christian Morgenstern heißt: »Dich selber zu entdecken und dann dich selber nach dir selbst zu strecken.« Zieh dich in die Stille zurück und erspüre mit deinem Innersten, was dich weiterträgt.

Wenn ich zum Beispiel Karriere machen will oder nur nach Gewinn und Geld strebe, dann haben andere Dinge keinen Platz mehr. Es ist vielleicht faszinierend, der oberste Manager in einem Unternehmen zu werden, aber das verlangt auch einen radikalen Einsatz. Ich ordne alles diesem Ziel unter und verzichte auf Wochenenden, private Beziehungen, Freizeit oder Familie. Die Frage der Unterscheidung wäre dann: Will ich das überhaupt? Die Entscheidung für etwas setzt also immer ein Unterscheiden und Abwägen voraus. Was tut mir gut? Was ist das Wichtigere? Was brauche ich wirklich?

Da haben es Mönche einfacher, weil sie ein klares Ziel haben. Um Gott zu suchen, brauchen sie kein teures, schnelles Auto.

Ja, aber einfach nur arm zu sein bringt mich auch nicht automatisch Gott näher. Von Selbstkasteiung als spirituellem Weg hält Benedikt nichts. Jeder Mönch hat zum Beispiel ein eigenes Bett, über das er im Kapitel »Kleidung und Schuhe der Brüder« schreibt: »Als Bettzeug genügen Matte, Tuch, Decke und Kopfkissen.« Die Regel ist ja fast 1500 Jahre alt. Wenn man sie liest, hat man schon den Eindruck, dass Benedikt hier, obwohl er das Wort »genügen« benutzt, ein bequemes Bett beschreibt. In anderen Klöstern schliefen die Mönche früher ja auf Stroh oder auf der Erde.

Mönche sollen auch anständig gekleidet sein, und wenn sie neue Kleider bekommen, sollen die alten in der Kleiderkammer für die Armen aufbewahrt werden. Benedikt könnte ja auch sagen, der Mönch soll der Ärmste sein. Aber das tut er gerade nicht. Interessant finde ich auch, was er über den Mönch sagt, der auf eine Reise geschickt wird …

»Kukulle und Tunika, die er für die Reise aus der Kleiderkammer erhält und nach der Rückkehr zurückzugeben hat, seien ein wenig besser, als man sie für gewöhnlich trägt.«

Ja, das heißt, wenn er das Kloster verlässt, soll er sich ein wenig besser anziehen, weil er unterwegs das Kloster vertritt. Er soll ein einfaches Leben führen, aber die Armut nicht vor sich hertragen. Das ist der Gedanke, der dahintersteckt. So wie es im Evangelium steht: Wenn du fastest, dann trage kein trauriges Gesicht.

»Für einen Mönch genügen zwei Tuniken und zwei Kukullen: So kann er zur Nacht und zum Waschen die Kleider wechseln. Was aber darüber hinausgeht, ist überflüssig und soll entfernt werden.« Das klingt in heutigen Ohren sehr spartanisch.

Das ist ja auch nur ein Modell. Die heutigen Mönche haben vielleicht etwas mehr. Aber die Frage der Unterscheidung zwischen dem Notwendigen und dem Überflüssigen bleibt: Was genügt für ein Leben als Mönch? Der Mönch soll mit dem Einfachen zufrieden sein und sich nicht beschweren. Die Regel schreibt vor: »Die Kleidung, welche die Brüder erhalten, soll der Lage und dem Klima ihres Wohnorts entsprechen; denn in kalten Gegenden braucht man mehr, in warmen weniger.« Auch hier vermeidet es Benedikt, eine Norm festzulegen. Es muss immer neu abgewägt werden.

 Was brauche ich wirklich?

»Der Abt sorge für das rechte Maß, dass die Kleider nicht zu kurz sind, sondern denen, die sie tragen, passen.« Er denkt also auch an die Zufriedenheit seiner Mönche. »Alles Notwendige dürfen sie vom Vater des Klosters erwarten«, sagt Benedikt. Er will, dass die

Das Notwendige und
das Überflüssige

Die Kleidung, welche die Brüder
erhalten, soll der Lage
und dem Klima ihres Wohnorts
entsprechen; denn in kalten
Gegenden braucht man mehr,
in warmen weniger.
Der Abt sorge für das rechte Maß,
dass die Kleider nicht zu
kurz sind, sondern denen,
die sie tragen, passen.

Benediktusregel

Mönche des Klosters alles bekommen, was sie brauchen. »Denn niemand soll verwirrt und traurig sein im Hause Gottes.«

Der Umkehrschluss wäre, dass Überfluss unglücklich macht?

Um im Bild der Kleider zu bleiben. Das wäre das Überflüssige: Wenn einer immer nur das kauft, was gerade modisch gesehen »in« ist. Ich habe neulich gelesen, dass wir Deutsche Weltmeister im Textilienverbrauch sind. Jeder von uns konsumiert, rein statistisch, jährlich im Durchschnitt 26 Kilogramm Kleidung. Das ist ganz unglaublich, was sich da anhäuft.

Konsum kurbelt die Wirtschaft an, würden Politiker dazu sagen.

Die Frage ist doch aber, ob die Wirtschaft für die Menschen da ist oder die Menschen für die Wirtschaft. Macht mich ein voller Kleiderschrank zufriedener? Geht es letztendlich um wirtschaftliches oder um menschliches, um quantitatives oder um qualitatives Wachstum?

Ist Geld böse?

Geld ist an sich weder gut noch schlecht. Die Art und Weise, wie ich mit Geld umgehe, kann gut oder schlecht sein. Wir brauchen Geld, und es ist sinnvoll, wenn ich damit verantwortungsvoll umgehe. Denn was mir gegeben ist an Land oder Besitz oder was ich geerbt oder erwirtschaftet habe, ist nicht meiner Laune, meiner

Willkür überlassen, sondern ich habe damit eine Verantwortung gegenüber der Gemeinschaft oder der Gesellschaft, in der ich lebe. Wenn ich zum Beispiel Geld anlege, um ein Haus zu bauen oder um meine Kinder und meine Familie zu versorgen, dann hat das einen Zweck. Wenn die Vermehrung des Geldes aber zum Selbstzweck wird, ohne dass ich es für etwas Gutes verwende, dann besteht die Gefahr, dass Geld zum Götzen wird.

Auf der einen Seite hast du als Mönch kein eigenes Geld, auf der anderen Seite warst du als Abt fast vier Jahrzehnte zugleich auch Manager eines Unternehmens. Das Kloster betreibt eine florierende Brauerei und erwirtschaftet jährlich einen beträchtlichen Gewinn. Sind Spiritualität und Geldverdienen unter einen Hut zu bringen?

Beim Kloster ist es ja klar und durchschaubar, wozu der Besitz da ist. Er soll das Klosterleben, die seelsorgerische Arbeit und die Unterstützung der Armen ermöglichen und das alles nachhaltig für die Zukunft sichern. Das Unternehmen muss deshalb wirtschaftlich sein, weil es für diesen Zweck da ist. Ich kann also nicht aus idealistischen Gründen sagen, wir schreiben rote Zahlen, das macht aber nichts, sondern ich muss sehen, dass ein Gewinn zu verbuchen ist. Aber dabei kommt es eben auf das rechte Maß an.

Wenn man als Abt so eine Aufgabe übernimmt, dann erhält man natürlich viele Ratschläge. Da gibt es Leute, die sagen, was ihr da erwirtschaftet, ist viel zu wenig. Dann gibt es Kunden, denen das Bier in einem klösterlichen Betrieb nicht billig genug ist. Komisch, je reicher die Leute sind, desto lieber wollen sie ein Freibier, weil sie vielleicht den Abt persönlich kennen. Gerade Reiche stürzen sich darauf, wenn es etwas umsonst gibt *(lacht)*. Schließlich sind da noch Mitarbeiter, die sagen, ihr Mönche habt doch andere Werte, für euch ist Leistung nicht so entscheidend. Warum bekommen wir also nicht mehr Urlaub?

Die Aufgabe ist nun, diese verschiedenen Interessen zu berücksichtigen, das rechte Maß zu suchen und einen Ausgleich zu finden. Das Unternehmen soll erfolgreich sein, und die Kunden und Mitarbeiter zufrieden.

Eigentlich müsste Andechser Bier doch weniger kosten als das von anderen Brauereien. Über die Erzeugnisse, die das Kloster herstellt und verkauft, steht in der Regel: »Bei der Festlegung der Preise darf sich das Übel der Habgier nicht einschleichen. Man verkaufe sogar immer etwas billiger, als es sonst außerhalb des Klosters möglich ist, damit in allem Gott verherrlicht werde.«

Wir verkaufen das Bier zwar nicht billiger, dafür ist es aber besser … *(lacht)*

Was hat etwas so Profanes wie die Festlegung der Preise mit Gott zu tun?

Ut in omnibus glorificetur Deus: In allem, was die Mönche des Klosters tun, soll Gott verherrlicht werden. Das schließt eben auch ökonomisches Handeln mit ein. Es ist interessant, dass Benedikt gerade da, wo er über den Wirtschafter des Klosters spricht, es ein »Haus Gottes«

nennt. Über den Umgang mit dem Besitz heißt es: »Alle Geräte und den ganzen Besitz des Klosters betrachte er als heiliges Altargerät.«

Was bedeutet es denn, im wirtschaftlichen Handeln Gott zu verherrlichen?

In Bayern hieß früher der Landwirt, der die Erde bestellt, Ökonom. Ökonom ist vom griechischen *oikos* abgeleitet, was Haus bedeutet. Der Ökonom ist der Hausverwalter. Aber eigentlich spricht die Antike von der ganzen Welt als Haus, und für das alte Christentum steht das Bild des Hauses für alles, was Gott geschaffen hat und von Menschen mitgestaltet wird. Ökumene ist die ganze bewohnte Erde. Ökologie bedeutet, ich halte mich an das, was das Hausgesetz der Welt ist und handle zum Wohl des Zusammenhangs der Lebewesen und ihrer Umwelt.

Keiner kann für sich alleine leben. Der Einzelne ist abhängig vom Gesamthaushalt der Welt. Ich kann nicht mein Haus bestellen, ohne dass der Haushalt der Stadt oder des Landes in Ordnung ist. Ich kann nicht den Haushalt der Nation oder Europas bestellen, wenn ich mich nicht verantwortlich fühle für den Haushalt der Welt. Mit dem Land, Besitz oder Geld, das mir für eine endliche Zeit anvertraut ist, verantwortungsvoll umzugehen bedeutet, so zu wirtschaften, dass auch in Zukunft für alle noch etwas da ist und die Schönheit der Schöpfung gewahrt bleibt.

Aber ziehen sich Mönche nicht gerade von der Welt zurück? Wenn Benedikt über die Preise der Waren spricht, dann ist das

176

eine der wenigen Stellen, wo er etwas über die Beziehung des
Klosters zur Gesellschaft sagt.

Der Sinn des klösterlichen Lebens ist nicht Flucht aus
der Welt, sondern der Versuch, an einem bestimmten
Ort der Erde die Welt ein Stück zu verwandeln, anders
zu leben, aus dem Gewohnten auszubrechen und anzufangen, die Welt auf Gott hin zu ordnen.

Was verstehst du unter Wertschöpfung?

Wertschöpfung heißt, ich schaffe Werte. Nachhaltiges
Schaffen von Werten hat einen zeitlichen, einen sach-
lichen und einen sozialen Aspekt. Das Unternehmen
des Klosters etwa soll langfristig bestehen, damit es
auch in Zukunft seinen Zweck erfüllen kann. Nicht der
momentane Gewinn ist das Entscheidende. Das Produkt des Unternehmens sollte sinnvoll sein, und Ar-
beitsplätze sollten gesichert oder geschaffen werden.
Es gibt ja die Redewendung: den Rahm von der Milch
abschöpfen. Auf die Wirtschaft übertragen würde das
bedeuten, so viel wie möglich an Gewinn aus einem
Unternehmen rauszuholen, ohne Rücksicht auf dessen
Substanz. Im Gegensatz etwa zu Familienunternehmen
achtet der Manager eines Industrieunternehmens oder
einer Bank auf den Shareholder-Value. Der, der das
Geld reingesteckt hat, soll möglichst viel und schnell davon wieder zurückbekommen. Das wäre eine Wertschöpfung, die sich nicht an den Menschen, am Unternehmen selbst und an der sinnvollen Verwendung des
Gewinns orientiert, sondern nur an der Frage: Bringt
diese Anlage viel Rendite?

Frei werden

Unmäßigkeit heißt beim Essen
und auch beim Trinken,
dass ich mich anfülle und
dadurch beschwere.
Das gilt für alles, wo die Gier
den Menschen erfasst und
beherrscht. Das Eigentliche
an der Unmäßigkeit ist aber,
dass durch sie kein Raum
für anderes mehr bleibt.
Wenn mein Bauch voll ist,
kann ich mich anderen Dingen
nicht mehr widmen.

Was ist mit denen, die an der Börse spekulieren?

In den 1990er-Jahren entstand der Neue Markt. Das war erschreckend, wie gerade junge Menschen die Faszination des schnellen Geldes entdeckt haben. Ich habe damals einen Gottesdienst für Gymnasiasten in Pullach gehalten und nachgefragt, wie es so gegangen sei mit dem Abitur.

Da wurde mir erzählt, alle hätten es geschafft, bis auf einen, der das Abitur aber gar nicht brauche, weil er schon erfolgreich spekuliere. Es gab damals einen Haufen Leute, die den ganzen Tag vor dem Computer saßen und Börsenkurse verfolgten. Damit werden keine Werte geschaffen.

Aber dieser junge Mann hat doch niemandem geschadet. Man könnte ganz wertfrei sagen, Spekulation ist für die Wirtschaft lediglich eine Information, die zeigt, wo in Zukunft Knappheit vorliegt.

Reines Spekulieren bringt der Volkswirtschaft nichts. Und ich nehme mal an, es hat dem jungen Mann auf Dauer selbst geschadet.

Die weltweite Bankenkrise, die uns im Moment erschüttert, hat freilich eine andere Dimension. Da wurden Entscheidungen getroffen, die anderen wirklich schaden. Nicht nur den Anlegern und Banken, sondern ganzen Volkswirtschaften.

Ja, es ist schon ein Unterschied, ob ich mit meinem eigenen Geld spekuliere oder das Geld von anderen riskiere. Broker oder Analysten, die gegen das eigene Ge-

Wie man reich wird

Alles ist vergänglich.
Der Wert meiner Aktien kann fallen,
mein Besitz durch ein Erdbeben
zerstört werden.
Ich kann nichts schaffen, das für
immer bleibt, und nichts mitnehmen,
wenn mein Leben zu Ende geht.
Je mehr ich mich von diesem
Habenwollen und Besitzenwollen
löse, desto freier und unabhängiger
werde ich und kann mich
dem zuwenden, was mein Leben
wirklich bereichert.

wissen Investments empfehlen oder verkaufen, sind fast kriminell, weil sie andere damit schädigen.

Was macht Menschen gierig oder süchtig?

Die Versuchung, immer mehr zu wollen. Dieses Mehr hat eine Faszination, ob ich es nun brauche oder nicht. Wenn ich Geld habe und sehe, ich kann es leicht vermehren, dann ist das einfach mitreißend, und ich will noch mehr, bis es mich nicht mehr loslässt und mein ganzes Leben in Beschlag nimmt. Dazu kommt die Angst, alles wieder zu verlieren.

Ich erinnere mich an zwei Aktienbroker, die in Andechs Kloster auf Zeit gemacht haben. Als die Kurse plötzlich gefallen sind, fingen sie an, dauernd zu telefonieren, und haben vollkommen die Fassung verloren. Es gibt die Sucht nach Besitz, Macht oder Sex. Die Gegenpole dazu wären Armut, Demut und Enthaltsamkeit. Auch immer wieder anderes anzufangen kann zur Sucht werden. Wenn ich es nicht mit mir selbst aushalte, dann möchte ich dauernd etwas anderes machen oder mich ständig verändern. Eine neue Freundin oder eine andere Religion.

Hast du eine Erklärung dafür, wie Sucht und Gier entstehen?

Im Menschen gibt es die Sehnsucht nach der Überschreitung des Endlichen. Die Sehnsucht nach dem Unendlichen ist eigentlich etwas Positives, etwas, das den Menschen ausmacht. Wenn diese Sehnsucht sich aber auf etwas Bestimmtes, etwas Irdisches oder Materielles richtet, dann kann eine Sucht daraus werden. Ich ver-

Was macht mich reich?
Was macht mich arm?
Sammelt euch nicht Schätze
hier auf Erden, wo Motte
und Wurm sie zerstören
und wo Diebe einbrechen
und sie stehlen, sondern
sammelt euch Schätze im Himmel,
wo weder Motte noch
Wurm sie zerstören
und keine Diebe einbrechen
und sie stehlen.
Denn wo dein Schatz ist,
da ist auch dein Herz.

Bergpredigt

lange immer nach mehr. Weil die Sehnsucht dadurch nicht gestillt wird, muss ich weitermachen. Eigentlich steckt ein Durst nach Leben dahinter oder ein Verlangen, das normale Leben zu überschreiten. Aber da wird etwas Endliches absolut gesetzt und die wahre Unendlichkeit ausgeblendet. Im Grunde ist das eine große Verwechslung. Den Hunger nach dem, was mich übersteigt, kann ich nicht mit weltlichen Dingen stillen.

Warum kleben gerade oft alte Menschen ganz irrational an Besitz?

Ja, es gibt Leute, die genug Geld haben und es gar nicht mehr aufbrauchen können und sich dennoch ausrechnen, ich bin jetzt 75 Jahre und da gibt es noch einen Bruder oder einen Onkel, der ist 85, der wird bald sterben, und dann erbe ich dessen Vermögen. Dabei wissen sie gar nicht, was sie damit anfangen sollen. Zugrunde liegt der Gedanke, ich bin so viel wert, wie ich habe. Das Geld verleiht ein Gefühl der Sicherheit, als ob man damit den Tod aufschieben und der eigenen Endlichkeit entgehen könnte. Obwohl bisher ganz offensichtlich kein Bankkonto lebensverlängernd gewirkt hat.

Warum ist Geben seliger denn Nehmen?

Gib, so wird dir gegeben, ist ein großer Satz der Bibel. Ich finde es sehr interessant, dass gerade Menschen, die für andere da sind und sich für andere einsetzen, in welcher Form auch immer, ob in einer kirchlichen oder sozialen Organisation oder ehrenamtlich bei der Feuerwehr, meist ein größeres Vertrauen in die Zukunft und ein optimistischeres Weltbild aufweisen. Sie können geben, ohne sich gleich auszurechnen, was sie dafür bekommen. Und oft erhalten sie mehr zurück, als sie erwartet haben. Vielleicht kein Geld, aber bereichernde Begegnungen oder neue Erfahrungen.

Du meinst, man sollte sich fragen, was einen wirklich reich oder arm macht?

In der Bergpredigt heißt es: »Sammelt euch nicht Schätze hier auf der Erde, wo Motte und Wurm sie zerstören und wo Diebe einbrechen und sie stehlen, sondern sammelt euch Schätze im Himmel, wo weder Motte noch Wurm sie zerstören und keine Diebe einbrechen und sie stehlen.« Alles ist vergänglich, der Wert meiner Aktien kann fallen, mein Besitz kann durch ein Erdbeben zerstört werden. Ich kann nichts schaffen, das für immer bleibt, und nichts mitnehmen, wenn mein Leben zu Ende geht. Je mehr ich mich von diesem Habenwollen und Besitzenwollen löse, desto freier und unabhängiger werde ich und kann mich dem zuwenden, was mein Leben wirklich bereichert.

Jeder, der nicht tief religiös ist, wird jetzt sagen: Schätze im Himmel, schön und gut, aber …

Es heiß ja weiter: »Denn wo dein Schatz ist, da ist auch dein Herz.« Das kann man zunächst einmal auch ganz grundlegend als eine Aufforderung zur Herzensbildung verstehen. Wende dich dem zu, was dein Herz, dein inneres Fühlen wirklich berührt, was wirklich wertvoll für dich ist. Die Frage wäre: Tut mir das, womit ich mich identifiziere, gut? Was uns reich macht, sind Beziehungen, nicht, was ich habe. Die Beziehung zu anderen Menschen oder die Beziehung zur Natur und die Beziehung zu Gott, der alles umfasst.

Ich kann einen ganzen Landstrich besitzen, aber wenn ich darin nur den Geldwert sehe, bin ich arm. Ein anderer, der nichts hat und über die schöne Wiese oder durch den wunderbaren Wald geht, an einer Blume riecht und sich daran erfreut, ist sehr reich, weil er die Schönheit der Welt in seinem Herzen aufnehmen kann. Das, was er sich innerlich angeeignet hat und in seinem Herzen aufbewahrt, kann ihm niemand wegnehmen. Das ist der Hintergrund der Bergpredigt. Sie ist eine Mahnung zur Sorglosigkeit.

Herzensbildung

Wende dich dem zu, was dein Herz, dein inneres Fühlen wirklich berührt, was wertvoll für dich ist. Was uns reich macht, sind Beziehungen zu anderen Menschen, nicht, was ich habe.

Es ist erstaunlich, dass Menschen zur Sorglosigkeit angehalten werden müssen. Sie ist doch für jeden ein erstrebenswerter Zustand.

Weil eben Sorglosigkeit oft mit Geld und Besitz verbunden wird. Wenn ich genug davon habe und einmal

Mahnung zur Sorglosigkeit

Das, was wir uns innerlich angeeignet haben und in unserem Herzen aufbewahren, kann uns auch niemand wegnehmen. Denke nicht an morgen! Wende dich dem Leben zu! Schau dir die Schönheit der Schöpfung an, die sich vor deinen Augen entfaltet! Das ist die Botschaft der Bergpredigt: »Sorgt euch nicht um morgen, denn der morgige Tag wird für sich selbst sorgen. Ist nicht das Leben wichtiger als die Nahrung und der Leib wichtiger als die Kleidung! Wer von euch kann mit all seiner Sorge sein Leben auch nur um eine kleine Zeitspanne verlängern?«

reich bin, dann werde ich sorglos sein, denken viele. Das gibt mir die Sicherheit, um überhaupt unbekümmert sein zu können. So dient man dem Geld, und das Leben wird verschoben auf später. Aber man sieht ja unter den Reichen nur sehr wenige, die sorglos sind. Es ist eine Täuschung zu meinen, wenn man viel hat, ist man freier, weil es doch eher so ist: Je weniger ich brauche, desto unabhängiger bin ich. Es geht darum, erst einmal mit dem Herzen zu erkennen, was und wo mein Schatz ist.

Die Bergpredigt fordert uns auf, loszulassen und gelassen zu werden: Denke nicht an morgen! Wende dich dem Leben zu! Schau dir die Schönheit der Schöpfung an, die sich vor deinen Augen entfaltet! »Ist nicht das Leben wichtiger als die Nahrung und der Leib wichtiger als die Kleidung. (…) Wer von euch kann mit all seiner Sorge sein Leben auch nur um eine kleine Zeitspanne verlängern?« Deshalb preist die Bergpredigt die Vögel des Himmels und die Pracht der Lilien auf dem Felde. Die Schönheiten, die nicht einem sorgenden, planenden Schaffen entspringen.

Was nützt es dem Menschen, heißt es an anderer Stelle, wenn er die ganze Welt gewinnt, aber an seiner eigenen Seele und Lebendigkeit Schaden nimmt? Ich denke, diese Unterscheidung zwischen der »falschen« und der »richtigen« Sorge ist in unserer Welt der Gier und des Mehr-haben-Wollens etwas Wichtiges.

Hat unsere Gesellschaft das Teilen verlernt?

Wer nur an seinen Besitz denkt, tut sich schwer, etwas herzugeben. Wer sich nicht mehr an seinen Besitz klammert, der hat an sich mehr. Das wäre für uns alle eine wichtige Lektion. Wie in dem Gleichnis vom reichen Jüngling, der zu Jesus kommt und fragt: »Meister, was muss ich Gutes tun, um das ewige Leben zu gewinnen?« Jesus antwortet ihm: »Wenn du vollkommen sein willst, geh, verkauf deinen Besitz und gib das Geld den Armen; so wirst du einen bleibenden Schatz im Himmel haben; dann komm und folge mir nach.« Da ging der Jüngling betrübt weg, weil er das nicht fertigbrachte. Zu sehr liebte er seinen Reichtum.

Später sagt Jesus etwas sehr Interessantes zu seinen Jüngern, er spricht vom Hundertfachen, das derjenige erhält, der alles weggibt. Man könnte also auch sagen, bei jedem Verlust ist auf der anderen Seite ein Gewinn drin. Wie in der Bergpredigt steckt auch in dieser Geschichte eine Aufforderung, eine Ermahnung zur Sorglosigkeit.

»Sorgt euch also nicht um morgen; denn der morgige Tag wird für sich selbst sorgen.« Das setzt ein Gottvertrauen voraus, das gerade jetzt, mitten in der wirtschaftlichen Krise, wenige haben. Je knapper das Geld wird, desto mehr klammern sich die Menschen daran, weil sie Angst vor der ungewissen Zukunft haben, und desto weniger sind sie bereit zu teilen.

Die Bergpredigt mahnt uns zu einem Grundvertrauen: Ich kann mit meiner Sorge meinem Leben nichts hinzufügen. Zu Lebzeiten des heiligen Benedikt herrschte einmal eine schwere Hungersnot. Alle Vorräte des Klosters wurden an Notleidende verteilt. In der Vorratskammer war nur ein klein wenig Öl in einer Flasche zurückgeblieben. Da kam einer und bat, man möge ihm ein bisschen Öl geben. Ohne zu zögern ordnete Benedikt an, das letzte Öl zu verschenken.

Doch der Verwalter der Vorratskammer ließ den Auftrag nicht ausführen. Als Benedikt ihn danach fragte, entgegnete der Mönch, er habe das letzte Öl nicht hergegeben, weil sonst nichts für die Brüder übrig bliebe. Da geriet Benedikt in Zorn und befahl den Brüdern, sie sollten die Flasche mit dem Öl zum Fenster hinauswerfen. Wie durch ein Wunder zerbrach sie aber nicht, obwohl unter dem Fenster ein gewaltiger Abgrund mit Felsvorsprüngen war. Benedikt ließ die unversehrte Flasche an den Bittsteller übergeben und tadelte den ungehorsamen Mönch wegen seiner Kleinmütigkeit.

Nach dieser Mahnung betete er zusammen mit den Brüdern. In dem Raum stand zufällig ein leeres Ölfass. Plötzlich fing der Deckel dieses Fasses an, sich zu heben, denn es hatte sich ganz mit Öl gefüllt. Der Deckel schob sich zur Seite, und das Öl floss auf das Pflaster des Raumes, in dem die Mönche knieten. Als Benedikt das sah, beendete er das Gebet und ermahnte den ungehorsamen Bruder, mehr Vertrauen zu haben und sich in Demut zu üben.

Das ist ein schönes Gleichnis darüber, wie man auch in der Bedrängnis und Not auf eine große Fülle hin leben kann, im Vertrauen darauf, dass immer wieder eine Quelle gefunden wird.

ÜBER WEISHEIT, GERECHTIGKEIT UND LIEBE

»Weisheit besteht nicht darin,
dass ich möglichst viel weiß,
sondern dass ich das Rechte auch
im Inneren spüre und schmecke.«

Abt Odilo wurde in seinem Leben schon viele Male gefragt, wer oder was Gott ist. Wie es ist, ihm zu begegnen, und was er gesagt hat. Auch wir haben ihm in den vergangenen Jahren oft solche naiven Kinderfragen gestellt. Odilo hat stets auf die ihm eigentümliche freundliche Weise gelächelt und uns eine Antwort gegeben. Auch über die schwierigen Fragen des Lebens – »Worum geht's eigentlich?« oder »Wer bin ich?« – hat er mit Leidenschaft Auskunft gegeben.

Jedes Mal, wenn wir das Kloster mit eiligen Schritten betraten, noch beladen mit der Hektik des Alltags, den Kopf voller Fragen, fiel die Unruhe von uns ab, sobald sich die schwere Klostertür hinter uns schloss. Denn Odilo erwartete uns schon mit großer Freude. Und wenn wir, von persönlichen Krisen gebeutelt, die Interviewstunde plötzlich zur persönlichen Beichte umfunktionierten, berührte uns seine Anteilnahme, seine Gabe zuzuhören, und seine wohltuenden, oft ganz pragmatischen Ratschläge.

So wurde die Arbeit an diesem Buch zu einer Begegnung mit einem Menschen, der auf eine seltene Art weise ist. Wenn er den berühmten Proust'schen Fragebogen ausfüllen müsste, wollten wir einmal von Odilo wissen, wie würde er seinen Hauptcharakterzug beschreiben?

»Ich bin höflich«, antwortete Odilo und drehte ein wenig verlegen an seinem dicken silbernen Abtring. Darauf steht das Motto seines Lebens: *Dilatato corde* – mit weitem Herzen. Odilo wählte dieses Zitat aus der Regel zu seinem Wahlspruch, als er 1964 zum Abt geweiht wurde. Wenn man sich heute, 45 Jahre später, mit dem Altabt der Benediktiner unterhält, spürt man, dass er am Ziel des lebenslangen Übens, der *puritas cordis,* angekommen ist: der Reinheit des Herzens. Wie kann eine Gemeinschaft friedlich zusammenleben?, fragt der heilige Benedikt in seiner Regel. Es braucht dafür Augenmaß, Herzenswärme und einen gottesfürchtigen Abt. Der Abt benötigt zur Führung eines Klosters Weisheit und Gelassenheit. Der Glaube an den guten Kern in allen Menschen ist dafür Voraussetzung. Der benediktinische Schlüsselbegriff für die Kunst der Lebensführung ist das rechte Maß und die Gabe der Unterscheidung, unser Thema des siebten Gesprächs. Die Aufgabe des Abts erläutert Benedikt folgendermaßen: »Seelen zu leiten und der Eigenart vieler zu dienen«, dem einen mit freundlichen Worten, einem anderen mit Tadel, einem Dritten mit gutem Rat. Dem Charakter und der Fassungskraft jedes Einzelnen suche er zu entsprechen und sich allen so verständnisvoll anzupassen, dass er an der ihm anvertrauten Herde nicht nur keinen Schaden leidet, sondern sich am Gedeihen einer guten Herde freuen kann.

Du bist mit dreiunddreißig Jahren zum Abt gewählt worden. Offenbar warst du schon als junger Mann sehr weise und erfahren, denn entscheidend für die Wahl des Abts sind nach der Regel »Bewährung im Leben und Weisheit in der Lehre«.

Es gibt ja auch immer die Möglichkeit, dass die Wähler sich täuschen oder aber jemanden wählen, der ihnen nicht so sehr wehtut. Jemanden, wie es in der Regel heißt, der »mit allen Fehlern einverstanden ist«.

Das hältst du doch in deinem Fall nicht für wahrscheinlich?

Ich hoffe, dass ich vielleicht das geringere Übel war *(lacht)*. Aber natürlich traut man sich als junger Mann viel zu und merkt erst mit der Zeit, welche Fehler man macht. Manche Leute haben ihre Bedenken damals, als sie mir zur Wahl gratulierten, auch zum Ausdruck gebracht und gesagt: »Ich hätte Ihnen doch gewünscht, dass Sie etwas mehr Erfahrung haben.«

Dann hast du aber das Kloster neununddreißig Jahre lang geführt.

Es gibt ja die Möglichkeit, mit seiner Aufgabe zu wachsen. Eine wichtige Erfahrung war für mich der Wiederaufbau unserer Basilika, die durch den Krieg zerstört wurde. Da habe ich mich zunächst einmal dem allgemeinen Urteil angeschlossen, das Beste und Gerechteste sei, einen Wettbewerb auszuschreiben. Das war dann aber nicht so einfach, weil eine Menge von Interessenkonflikten auftauchte und Architektenverbindungen eine große Rolle spielten.

Bei einem Wettbewerb kommt nicht unbedingt das Beste heraus.

Ja, das ist sicher so. Ich habe daraus gelernt, wie wichtig die intensive Auseinandersetzung zwischen dem Bauherrn und dem Architekten oder zwischen dem Auftraggeber und dem Künstler ist. Erst im Prozess des gemeinsamen Gesprächs kann ein Projekt wachsen. Die Vorstellungen des Bauherrn wandeln sich, weil er mit Möglichkeiten konfrontiert wird, an die er nicht gedacht hat, und ebenso die Ideen des Künstlers, weil er den Zweck des Gebäudes und die Gegebenheiten vor Ort besser verstehen lernt. Das gilt auch für andere Dinge. Es gibt generell nie ganz fertige Entwürfe. Das ist das Problem bei einem Wettbewerb: Damit die Gleichheit gewahrt bleibt, werden vorher keine langen Gespräche geführt.

Du meinst, das Leben ist keine Blaupause, sondern eine Baustelle?

Auch das Leben ist nie ein fertiger Entwurf. Es gibt keinen Masterplan, nach dem man sein Leben ein für alle Mal gestalten kann. Es entwickelt sich in der Begegnung und im Gespräch mit anderen. Man kann sich auf keine allgemeinen Rezepte berufen, weil die Menschen verschieden sind und eben auch entwicklungsfähig. Es kommt darauf an herauszufinden, was in einem Menschen steckt, welche Eignung und Neigung er hat. Wie kann er sich entfalten und wachsen? Bertolt Brecht hat die Frage gestellt, was es heißt, einen Menschen zu lieben. Erst, sagt er, entwirft man ein Bild von diesem Menschen und dann versucht man, den Menschen diesem Bild anzugleichen. Das ist der falsche Weg, denn eigentlich sollte es ja umgekehrt sein. Man sollte sich von einem Menschen überraschen lassen und entdecken, welches Potenzial in ihm steckt. Der französische Philosoph Gabriel Marcel hat einmal gesagt, wer von seinem Gegenüber nichts erwartet, schlägt ihn mit Unfruchtbarkeit. Einen Menschen lieben bedeutet dagegen, etwas Unsagbares und Unvorhersehbares von ihm zu erwarten.

Da wären wir wieder bei dir als jungem Abt.

Nein, so habe ich das nicht gemeint *(lacht.)* Das ist nur meine Erfahrung aus einem längeren Leben in einer Gemeinschaft. Menschen werden zu schnell festgelegt: Der kann wenig, der bringt dieses oder jenes nicht fertig, oder der ist einer Sache nicht gewachsen. Deshalb vertraut man ihm keine schwierigen Aufgaben an. Wenn man aber dann diesem Menschen aus der Not heraus, weil vielleicht gerade niemand anderes da ist, eine verantwortungsvolle Aufgabe übergibt, sieht man plötzlich, wie er dadurch wächst, sich entwickelt und es sogar sehr gut macht.

Was macht für dich die Weisheit von Benedikts Regel aus, nach der du nun seit über fünfzig Jahren lebst?

Benedikt geht von einer großen Einheit aus. Wir sind alle eins. Zugleich betont er immer wieder die Verschiedenheit und Besonderheit des einzelnen Menschen. Jeder ist wertvoll, keiner ist nur ein Tropfen im Meer. Dieses Zusammenführen der Eigenart der Einzelnen und des Ganzen ist, denke ich, was die Weisheit oder das rechte Maß seiner Regel und des christlichen Lebens überhaupt ausmacht. Ich kann die Einheit suchen und in der Einheit aufgehen, aber dann sehe ich nicht mehr den konkreten Einzelnen, der eben auch seine göttliche Würde hat, so wie er ist.

Die Regel ist das Modell für eine Gemeinschaft, in der jeder seine Eigenart haben darf, die geachtet und geschützt wird und die dennoch als eine Einheit und Ganzheit erfahren werden kann.

»Das Haus Gottes soll von Weisen auch weise verwaltet werden«, sagt Benedikt. Das Kloster soll ein Haus des rechten Maßes sein, in dem alle in Frieden leben und sich in gegenseitiger Achtung begegnen. Die Verwirklichung des rechten Maßes verlangt vor allem vom Abt Weisheit, weil er die »schwierige und mühevolle Aufgabe« übernommen hat, »Menschen zu führen und der Eigenart vieler zu dienen«.

Vor Gott sind zwar alle gleich, aber in der klösterlichen Gemeinschaft leben Menschen, die sich in ihren Fähigkeiten oder in ihren Stärken und Schwächen voneinander unterscheiden. Dieser Wirklichkeit der Verschiedenartigkeit der Menschen, sagt Benedikt, muss der Abt Rechnung tragen: »Nach der Eigenart und Fassungskraft jedes Einzelnen soll er sich auf alle einstellen und auf sie eingehen.« Die Aufgaben sollen etwa so verteilt werden, dass keiner unter- oder überfordert wird, »damit die Starken finden, wonach sie suchen, und die Schwachen nicht davonlaufen«.

Die Verteilung des Kuchens
Sollen alle das Gleiche erhalten?
Nein, sagt Benedikt. Jeder soll
das bekommen, was er braucht.

Noch mehr Weisheit ist erforderlich, wenn es um die Verteilung des Notwendigen geht. Denn da, sagt Benedikt, sollen nicht etwa alle das Gleiche bekommen, sondern jeder das, was er braucht oder nötig hat.

Keiner soll unzufrieden sein und deshalb das Notwendige erhalten, aber das Maß der gerechten Verteilung ist für Benedikt weder Gleichheit noch Leistung, sondern die verschiedenen Bedürfnisse der Einzelnen, wobei der Abt stets Rücksicht auf die Schwachen zu nehmen hat. Die Unterscheidung zwischen dem, was der eine braucht und der andere nicht, ist natürlich schwierig, weil da das rechte Maß immer für den einzelnen Fall gefunden werden muss. Das erfordert immer wieder ein Abwägen und die Achtung vor dem anderen. Bei der Verteilung nach dem starren Maß der Gleichheit oder dem vergleichenden Maß der Leistung ist das leichter. Das einfachste Prinzip wäre: Jeder bekommt das Gleiche, obwohl die Menschen verschieden sind. Wenn Benedikt sich, wie im Kapitel »Das Maß des Ge-

Das Maß des Getränks

Jeder hat seine Gnadengabe vor Gott,
der eine so, der andere so.
Deshalb bestimmen wir nur mit einigen
Bedenken das Maß der Nahrung
für andere. Doch mit Rücksicht auf die
Bedürfnisse der Schwachen meinen
wir, dass für jeden täglich eine Hemina
Wein genügt. Wem aber Gott die
Kraft der Enthaltsamkeit gibt, der wisse,
dass er einen besonderen Lohn
empfangen wird. (...)
Zwar lesen wir, Wein passe überhaupt
nicht für Mönche. Weil aber die
Mönche heutzutage sich davon nicht
überzeugen lassen, sollten wir uns
wenigstens darauf einigen, nicht
bis zum Übermaß zu trinken, sondern
weniger. Denn der Wein bringt
sogar die Weisen zu Fall.

Benediktusregel

tränks«, doch Gedanken über ein gemeinsames Maß für die tägliche Weinration macht, dann tut er das nur *cum aliqua scrupulositate*, also mit Ängstlichkeit, weil er wegen der Verschiedenheit der Mönche keine starren Festlegungen treffen will.

Dieses Modell der Gerechtigkeit klingt in der Theorie ganz toll, aber funktioniert es in der Praxis?

Benedikt weiß, wie schwierig es ist, wenn die Mönche des Klosters vom Kuchen nicht alle das gleich große Stück bekommen oder manche sogar ein kleineres, obwohl sie mehr als andere geleistet haben. Der Tüchtige, der viel arbeitet, ist nicht erfreut, wenn er aus Rücksicht auf die Schwächeren mit weniger zufrieden sein soll. In diesem Fall, sagt Benedikt, soll der Starke, der weniger bekommt, nicht traurig sein, sondern Gott danken, weil er weniger braucht. Und der Schwache, der mehr bekommt, soll nicht stolz werden, sondern demütig wegen seiner Schwäche. Denn es geschieht ja aus Barmherzigkeit. »So werden alle Glieder der Gemeinschaft in Frieden sein.«

Verteilung nach den Bedürfnissen ist ja auch das Programm des Sozialismus. Was ist, wenn sich die Starken des Klosters nicht mit weniger zufriedengeben?

Natürlich kann eine Gemeinschaft, die ein gemeinsames Ziel hat und nach gemeinsamen Werten lebt, die widerstreitenden Kräfte besser ausgleichen. Zunächst einmal soll keiner im Kloster sich mit anderen vergleichen und seinen Wert von dem ableiten, was er kann.

Das Ziel des Klosters ist, gemeinsam Gott zu suchen, und in dieser Suche sind alle gleich wertvoll, die Schwachen wie die Starken.

Im Kapitel »Mönche als Handwerker« und »Der Cellerar des Klosters« gibt Benedikt zwei Beispiele, wie man mit falschen Ansprüchen umgehen soll. Vergleicht ein Mönch sich mit anderen und wird überheblich oder eingebildet, weil er denkt, er bringt dem Kloster durch seine Arbeit besonders viel ein, dann sagt Benedikt, soll man ihm die Arbeit nehmen, bis er Demut zeigt. Falls ein Mönch vom Cellerar, der den Besitz des Klosters verwaltet, etwas »unvernünftig fordert, kränke er ihn nicht durch Verachtung, sondern schlage ihm die unangemessene Bitte vernünftig und mit Demut ab«. Das bedeutet, der Verwalter soll diesen Mönch nicht herablassend behandeln, sondern, in Ehrfurcht vor dem anderen, sachlich begründen und erklären, warum er die Bitte abschlägt.

Die Wirklichkeit in unserer Gesellschaft sieht anders aus. Vor dem Kloster werden täglich Arme versorgt. Einige Meter daneben gibt es Wohnungen, die zehntausend Euro pro Quadratmeter kosten. Die Schere zwischen Armen und Reichen wird größer. Ist da Benedikts Modell der Aufteilung des Kuchens in ungleiche Stücke nicht eine Provokation?

In der Leistungsgesellschaft gilt: Wer viel leistet und stark ist, der hat einen Anspruch auf das meiste. Ausgleichende Gerechtigkeit funktioniert für Benedikt genau andersherum: Wer schwach ist und mehr nötig hat, soll auch mehr erhalten. Natürlich lässt sich solch ein Modell der Gerechtigkeit in einer kleinen Gemeinschaft, in der sich alle kennen und die ein gemeinsames Ziel hat, leichter verwirklichen. Je größer die sozialen Einheiten sind, desto schwieriger wird es, dem Einzelnen gerecht zu werden. Aber die Einsicht, dass einer vielleicht mehr braucht, obwohl er weniger leistet, wäre eben eine wichtige Korrektur der Leistungsgesellschaft.

Niemand kann ein schönes und glückliches Leben führen, wenn seine Nachbarn in Armut leben.

Heute gibt es eine Generation von Erben. Was sollte denn einen Reichen dazu bewegen, auf einen Teil seines Geldes oder Vermögens zugunsten der Armen freiwillig zu verzichten?

Erstens tut es jedem gut, sich innerlich unabhängig von dem zu machen, was er hat, und unabhängig davon seinen Wert zu finden. Zweitens verhält es sich mit dem Glück ganz ähnlich wie mit der Schönheit. Schön kann nicht etwas sein, was isoliert ist. Ich kann nicht sagen, ich bau mir ein schönes Schloss, und das Ringsherum ist mir gleich. Oder es gefällt mir sogar besser, wenn ich sehe, wie die anderen im Elend leben, und mir geht es gut. Zur Schönheit, verstanden als *splendor veri*, also zum Glanz des Wahren, gehört immer das Ganze. Ein schönes Haus muss sich gut in die Umgebung einpassen, und jede Umgebung verlangt etwas anderes. Ein guter

Architekt baut das Haus so, dass es der Landschaft oder dem Ensemble der Stadt entspricht. So, denke ich, kann auch niemand ein schönes oder glückliches Leben führen, wenn seine Nachbarn in Armut leben.

Im Kloster ist der Abt die Instanz, die nach dem rechten Maß der Verteilung sucht.

In der Gesellschaft übernimmt der Staat diese Funktion. Die gewählten Politiker haben die Aufgabe, sich am Wohl des Ganzen zu orientieren und Rücksicht auf die Schwachen zu nehmen. Das geht auch hier nicht ohne ein fortlaufendes Gespräch über die Ziele und Werte der Gesellschaft. Nach dem Motto: In was für einer Gesellschaft wollen wir leben?

Demut aller und Verzicht der Starken sind für Benedikt Voraussetzungen von sozialem Frieden. Ist unsere Gesellschaft nicht weit davon entfernt?

In unserer Gesellschaft gibt es die Solidargemeinschaft, die Rücksicht auf die Schwächeren nimmt, oder die Steuergerechtigkeit, die sich um einen Ausgleich zwischen den Armen und Reichen bemüht. Da wird eben nicht das Maß der Gleichheit oder der Leistung angelegt. Bei der Krankenversicherung gibt es zum Beispiel einen Topf, in den alle verschieden hohe Beiträge einbezahlen. Der Kranke wird von den anderen getragen. Das ärgert natürlich manchen Gesunden, wenn er sich sagt, was habe ich da alles eingezahlt, ich bräuchte auch mal eine Kur. Dabei sollte er doch eigentlich dankbar sein, weil er gesund ist und die Versicherung nicht braucht.

Steuern zahlen bedeutet: Das, was ich habe oder verdiene, gehört mir nicht allein und ist nicht meiner Willkür überlassen. Wenn ich mehr verdiene, muss ich
auch mehr von meinem Geld abgeben. Ich kann damit nicht machen, was ich will, sondern ich habe eine
soziale Verantwortung für das Wohl der ganzen Gesellschaft. Deshalb ist Steuerhinterziehung auch kein Ka-
valiersdelikt.

*Erst in jüngster Zeit gab es Fälle von spektakulären Steuer-
hinterziehungen führender Manager deutscher Konzerne. Ist
Steuerhinterziehung eine Sünde?*

Ja, Steuerhinterziehung ist eine Verfehlung oder Sünde. Manchen Reichen scheint es ungeheuerlich, was
der Staat von ihnen verlangt. Da ist dann die Versuchung groß, Steuern zu sparen, was zum Teil legitim ist.
Dieses oder jenes könnte man doch noch als geschäft-
lichen Aufwand deklarieren. Ganze Legionen von Steu-
erberatern leben davon. Da gibt es die kleinen, legalen
Tricks bis hin zu den kriminellen Versuchen, sich den
Steuern möglichst ganz zu entziehen. Der Steuerbetrü-
ger denkt, die anderen leben auf seine Kosten, und verschiebt sein Geld deshalb lieber nach Liechtenstein
oder in die Schweiz. Dabei ist es umgekehrt. Leben auf
Kosten anderer ist Lebensverlust. Die Korrektur wäre
hier eine Gegenökonomie im Sinne von Benedikt: im
Teilen den Lebensgewinn zu entdecken. Gewinn an
innerem, menschlichem Wachstum.
Für Benedikt ist das rechte Maß die »Mutter aller Tugenden«. Das Bild der Mutter legt nahe, dass sich daraus alle anderen Tugenden ergeben. Tugend ist die

Gewinn und Rendite

Der Steuerhinterzieher denkt,
die anderen leben auf seine Kosten,
und verschiebt sein Geld
deshalb lieber nach Liechtenstein.
Dabei ist es umgekehrt.
Leben auf Kosten anderer ist
Lebensverlust. Die Korrektur wäre
hier eine Gegenökonomie im Sinn
von Benedikt: im Teilen den
Lebensgewinn zu entdecken.
Gewinn an innerem, menschlichem
Wachstum.

Fähigkeit, das Gute zu tun. Dieses rechte Verhalten soll immer mehr zur Selbstverständlichkeit werden. Als ob es mir angeboren wäre, so zu handeln, obwohl es ja von Natur aus zunächst nicht so ist. Durch Übung kann ich schließlich erreichen, dass es mir immer leichter fällt. Das kann man mit dem vergleichen, was ein Tänzer oder Musiker macht. Die Leichtigkeit, mit der die Finger des Musikers über die Tasten des Klaviers oder die Füße des Tänzers über den Boden gleiten, setzt die Mühe langen Übens voraus, bevor es ganz selbstverständlich gelingt. Am Anfang muss sich der Tänzer seine Schritte genau überlegen und sich anstrengen. Je mehr er aber trainiert, desto mehr scheint es einfach aus ihm herauszufließen.

Die Regel enthält viele konkrete Anweisungen, wie der Tag im Kloster zwischen Gebet, Arbeit und Freizeit aufgeteilt werden soll. Es scheint paradox, dass eine Gemeinschaft, die auf der Suche nach dem Unendlichen ist, sich so streng an die tägliche Ordnung des Endlichen macht. Ist das rechte Maß eine rein weltliche oder eine spirituelle Kategorie?

Das rechte Maß ist beides. Es ist die Voraussetzung für den spirituellen Weg und ermöglicht es dem Menschen, der in dem Vielen und Endlichen lebt, sich auf das Unendliche hin auszurichten. Wir haben nicht unendlich viele Ressourcen, weil wir begrenzte Wesen sind. Um mich beständig auf den Weg machen zu können, muss ich das, was vorhanden ist, einteilen, um durchzuhalten: die Zeit, die Kraft, die Vorräte. Das geht nur durch das rechte Maß. Benedikt spricht deshalb von grundlegenden Dingen, wie der Einteilung des Ta-

Haben wir das Teilen verlernt?
In unserer Leistungsgesellschaft gilt:
Wer viel leistet und stark ist,
hat Anspruch auf das meiste.
Ausgleichende Gerechtigkeit
funktioniert für Benedikt
genau andersherum. Sie beginnt
mit der Einsicht, dass einer,
der schwach ist, mehr braucht,
obwohl er weniger leistet.

ges in Gebet und Arbeit, vom Essen und Trinken oder vom Schlaf und der Kleidung. Alles soll im Haus Gottes seinen Platz haben und im rechten Verhältnis zueinander stehen.

Und um alles in dieser Weise zu ordnen, brauche ich den Sachverstand, ein immer neues Abwägen und Unterscheiden. Wie teile ich den Tag ein? Was brauche ich unbedingt? Was muss ich tun, um mein Ziel zu erreichen. Das gilt nicht nur für das Leben im Kloster, sondern auch für viele andere Bereiche. Wenn ich mich maßlos für etwas einsetze, ist es meist so, dass ich das Ziel nicht erreiche.

Warum muss, wer Gott sucht, das rechte Maß suchen?

Ich kann Gott nur als endliches Wesen suchen, als Nicht-Gott. Die Suche des Menschen nach dem Unendlichen kann sozusagen nur gelingen, wenn mein irdisches Instrumentarium in Ordnung ist. Wenn ich zum Mond fliegen will, dann genügt dafür nicht meine Sehnsucht oder der bloße Wille, sondern ich brauche eine Abschussrampe und eine Rakete. Oder, wenn ich jetzt mal bei meinen eigenen Verhältnissen bleibe: Wenn ich mit dem Fahrrad losfahren will, muss ich zuerst einmal schauen, ob mein Rad in Ordnung ist. Ist im Reifen keine Luft, dann nützt mein Strampeln nichts und mein Da-hinkommen-Wollen auch nicht. Selbst wenn ich weiß, wo ich hinwill, hilft mir das nichts. Ich muss zuerst mein Fahrrad in Ordnung bringen, damit ich mein Ziel erreichen kann.

Ebenso verhält es sich, wenn ich mich auf die Suche nach Gott machen will. Ich muss erst die Bedingungen

Das menschliche Maß

Es mag sein, dass es künstliche
Wirklichkeiten, virtuelle
Erfahrungen und digitale Paradiese
gibt.
Dennoch bleibt der menschliche
Fuß das Maß für den Weg.
Und unser Körper das Instrument
für die Lebenserfahrung.

dafür schaffen, und die liegen in mir selbst und in der Welt, in der ich lebe.

Der rechte Umgang mit anderen gehört also zu dieser Ordnung des Endlichen?

Wenn ich Gott suche, aber meine Beziehungen zu anderen Menschen nicht ordne, muss das schiefgehen, weil ich das, was mir an Gott begegnet, im anderen Menschen nicht wahrnehme. Es gibt über den mittelalterlichen Mystiker Heinrich Seuse, der in Konstanz am Bodensee gelebt hat, eine schöne Anekdote. Einmal saß er in tiefer Versenkung oder Gottesschau in seiner Zelle. Da klopft der Pförtner des Klosters an die Tür und will ihn holen, weil eine alte Frau schon mehrmals nach ihm gefragt hat. Sie wollte unbedingt mit ihm sprechen und ließ sich nicht davon abbringen, weil sie in großer Not war. Heinrich Seuse entgegnete dem Pförtner, dass das jetzt nicht gehe, er befinde sich in Kontemplation und habe gerade eine Vision. Und in dem Moment, als er das sagte, war die Vision weg *(lacht)*.

Aber wozu geht der Mönch dann in Klausur?

Im Kloster hat man nicht das Privileg, dass mir Leute das Essen bringen und die Meditationsmatte ausbreiten, damit ich mich möglichst alleine mit Gott beschäftigen kann. Wenn Gott mir jemanden schickt, der mich braucht, dann muss ich sofort für diesen Menschen da sein. Ich kann schlecht sagen, ich bin auf dem Weg zu Gott, wenn ich seinen Ruf im Kleinen oder im Alltag überhöre. Gott bemisst uns danach, wie wir mit anderen umgehen und sie behandeln.

Im Matthäus-Evangelium heißt es: »Was ihr für einen dieser Geringsten nicht getan habt, das habt ihr auch mir nicht getan.« Er sagt damit, ihr begegnet mir in eurem Gegenüber. Deshalb sollen auch die Mönche des Klosters »einander in gegenseitiger Achtung zuvorkommen«, weil sie im Mitbruder einem Teil von dem Geheimnis Gottes begegnen.

Der endliche Mensch kann nur durch Unterscheidung erkennen, aber Gott entzieht sich unserer Erkenntnis, weil er das Unterschiedslose oder Unendliche ist. Wie können Menschen überhaupt Gott nahe sein?

Das Unendliche ist nicht etwas, wonach ich mit den Händen greifen oder das ich mit dem Geist erkennen kann. Gott bleibt der Unbegreifbare. Unsere Begriffe, durch die wir etwas definieren, sind immer Unterscheidungen. Ich ordne etwas in einen größeren Begriff ein und unterscheide es von anderem. Die Tür ist ein Stück des Hauses. Sie ist nicht die Mauer oder das Fenster. Gott kann ich nicht so definieren. Aber ich kann von seiner Wirklichkeit erfasst werden und erfahren, dass es ihn gibt. Darum sagt Nikolaus von Kues, Gott ist die Koinzidenz, das Zusammenfallen aller Gegensätze. Was für uns, aus unserer endlichen Perspektive, jeweils als Gegensatz erscheint, hat seine Wurzel in dem Einen, in dem alle Gegensätze vereint sind.

Aber der Mensch kann nur den Weg der Unterscheidung gehen.

Der Mensch muss den Weg der Unterscheidung gehen, weil er ein begrenztes und endliches und zugleich freies Wesen ist. Wir werden nicht von Naturgesetzen zu dem oder jenem gezwungen, sondern können wählen.

Weisheit

Weisheit kommt vom lateinischen
sapere und bedeutet,
dass ich etwas schmecke oder in
meinem Inneren erfahre.

Ist Weisheit nötig, um sich auf die Suche nach Gott zu machen?

Es braucht die Weisheit des Hörens. Das Kloster ist ein Raum der Stille, um das Wort Gottes mit dem Herzen zu hören. Weisheit kommt vom lateinischen *sapere* und bedeutet, dass ich etwas schmecke oder in meinem Inneren erfahre. Der Gelehrte weiß sehr viel und kann über sein Wissen beliebig verfügen, aber er ist davon nicht innerlich berührt.

Es gibt Leute, die die ganze Heilige Schrift gelesen haben und sehr viel über Theologie wissen, aber nicht die Einfalt des Herzens haben, die Wahrheit, die sie angeht, in sich aufzunehmen.

Der Weise dagegen kann sein Leben von diesem inneren Wissen und Gewissen bestimmen lassen. Benedikt suchte das Unendliche; sein Biograph Gregor der Große sagt über ihn, er wäre *sapienter indoctus*, ungelehrt und trotzdem weise. Das heißt nicht, dass man das Wissen nicht nötig hätte. In der Regel verwendet er immer wieder das Wort *rationabiliter*, mit Sachverstand muss man entscheiden. Aber um die Wirklichkeit des Unendlichen zu erfahren, braucht es das innere Gespür und die Ehrfurcht. Gott entzieht sich dem Wissen. Im Letzten gilt das auch von jedem Menschen und von vielem anderen ebenfalls. Ich kann sagen, das ist ein Mensch, der Leib und Seele hat, aber sein letztes Geheimnis kann ich nicht erkennen. Das Geheimnis des anderen bleibt und gibt mir eine Ahnung von dem Geheimnis Gottes.

Herzensschau

Herzensschau ist die Gabe,
den anderen mit dem Herzen
tief in seinem Innersten
zu erfassen und zu spüren.

Was bedeutet Herzensschau?

Herzensschau ist die Gabe, den anderen mit dem Herzen tief in seinem Innersten zu erfassen und zu spüren. Ich hatte einen Lehrer am Gymnasium, der uns damals gefragt hat, was Bildung ist. Zu unserer Verwunderung hat er nicht gesagt, wenn man die Werke von Cicero, Homer oder Plato kennt, sondern: Bildung ist, wenn man weiß, wie es dem anderen ums Herz ist. Das wäre also der Sinn von Bildung oder der eigentliche Sinn von Weisheit, dieses innere Verstehen.

Die Kategorie des rechten Maßes ist das Herzstück der Regel. Für Benedikt ist die »maßvolle Unterscheidung« die Quelle der Weisheit. Heute denken viele beim rechten Maß nur noch an Mittelmäßigkeit.

Discretio, das Suchen und Finden des rechten Maßes durch Unterscheidung, gehört ja schon zu den Kardinaltugenden der Antike. Weisheit, Tapferkeit, Gerechtigkeit und eben Besonnenheit. Beim Umgang mit Geld oder Besitz ist der Geiz das eine Extrem, das andere ist die Verschwendung. Das rechte Maß liegt dazwischen, in der Mitte. Wenn ich das rechte Maß habe, kann ich weise sein, weil ich unterscheiden kann.
Tapferkeit ist die rechte Mitte zwischen Tollkühnheit, durch die ich mich unbedacht, ohne zu überlegen, in etwas hineinstürze, und Feigheit, der zu großen Vorsicht, durch die ich nichts wage, weil ich immer daran denke, was alles passieren könnte. Tapferkeit bedeutet einerseits, nichts Unüberlegtes zu tun und andererseits, mich für das zu entscheiden, was ich als recht erkannt habe, und es dann auch zu tun. Selbst wenn es Unangenehmes mit sich bringt.
Natürlich besteht auch die Gefahr, ein mittelmäßiger Mensch zu werden. Ja nicht zu viel! Aber es gibt Dinge, wie die Liebe, von denen ich nicht zu viel haben oder geben kann.

Unmäßigkeit, sagt Benedikt, belastet das Herz und ist unchristlich. Ist nur in der Liebe Maßlosigkeit erlaubt?

Ja, die Liebe ist etwas, was das rechte Maßhalten einschließt und überschreitet. Das wäre die Liebe ohne Zurückhaltung. Wenn ich einen anderen Menschen liebe, kann ich auch maßlos sein, solange ich das Wohl des anderen beachte oder mir selbst oder Dritten nicht schade.

In der Heiligen Schrift heißt es: Gott hat alles nach Maß und Zahl geschaffen. Da ist schon diese Idee des Ausgleichs. Gott ist der Eine und Unendliche, aber wenn er etwas schafft, schafft er das Viele und Begrenzte. Zur Schaffung des Endlichen braucht es das rechte Verhältnis des Vielen zueinander.

Liebe
Was uns Gott ähnlich macht,
ist die Liebe,
die kein Maß kennt.

So ist es auch in der Liebe. Ich soll Gott über alles lieben, aber beim Gebot der Nächstenliebe wird schon ein endliches Maß angegeben: Liebe deinen Nächsten wie dich selbst. Das bedeutet eben nicht nur, dass ich den anderen genauso lieben soll wie mich selbst, sondern auch, dass ich den anderen nicht über alles lieben soll, mehr als andere oder mich selbst. Ich soll etwa nicht die Ehefrau über alles lieben und dabei die Kinder vernachlässigen. Menschliche Liebe kann also, wenn sie unmäßig ist, das Wesen der Liebe auch verfehlen.

214

Liebe versetzt Berge und doch ist sie, wie alles andere auch, eine endliche Ressource?

Gottes Liebe ist unendlich, aber Menschen sind nicht Gott, sondern endliche Wesen, die nicht über unendliche Ressourcen verfügen. Deshalb ist es auch in der menschlichen Liebe notwendig, das rechte Maß zu halten und zu treffen, weil es im Leben Situationen gibt, die eine Entscheidung erfordern. Soll ich meine Mutter pflegen oder mich um meine Kinder kümmern? Beides zugleich ist manchmal nicht möglich, und es fällt schwer, eine Entscheidung zu treffen. Aber die Liebe zur Liebe selbst, also die Liebe zu Gott, kann mir dabei helfen, solche Wertkonflikte zu lösen und zu überwinden. Was ist jetzt mehr mein Auftrag, den mir Gott gibt? Wenn ich tief in mich hineinhöre, kann ich es vielleicht wagen zu sagen: Meine Kinder sind jetzt das Wichtigere, und ich muss meine Mutter in ein Pflegeheim geben. Das ist natürlich nicht so leicht, weil ich auch für meine Mutter da sein will.

Es braucht also einen Maßstab, und der wäre hier für mich, dass ich mich nach der letzten Liebe ausrichte, die alle und alles umfasst. Was ist aus dem Gebot der Liebe heraus jetzt wichtiger? Wenn ich spüre, was in einer bestimmten Situation mein Auftrag ist, dann kann ich vertrauensvoll das andere, was nicht damit vereinbar ist, vernachlässigen und der Fürsorge Gottes überlassen. In der Hoffnung, ich habe es aus Liebe getan.

Dennoch sagst du, was uns Gott ähnlich macht, ist die Liebe, die kein Maß kennt. Eines der »Werkzeuge der geistlichen Kunst«, das in der Regel erwähnt wird, ist: »Von der Liebe nicht lassen.« Ist das Ziel des Mönchs, in der Liebesfähigkeit Gott ähnlich zu werden?

Das ist das Ziel jedes Christen oder gläubigen Menschen. Wir sind als Ebenbild Gottes geschaffen und tragen etwas Göttliches in uns. Das ist die Fähigkeit zur Liebe.

Was unterscheidet einen Menschen, der liebt, von einem Menschen, der nicht liebt?

Es gibt keinen Menschen, denke ich, der nicht in irgendeinem Punkt in seinem Innersten auch liebt. Zumindest sich selbst. Aber der liebende Mensch macht das, was er tut, mit Freude. Der nicht liebende Mensch ist derjenige, der mürrisch und abweisend oder in sich verschlossen ist.

Was ist, wenn die Liebe zwischen zwei Menschen aufhört?

Es wäre, wenn ich alles auf diese Liebe gesetzt hätte, eine Tragödie. Doch das Ende einer Liebe ist auch eine Chance. Ich habe die Möglichkeit, meinen eigenen Wert zu entdecken, der unabhängig davon ist, was der andere an mir geschätzt hat oder nicht. Das kann zu etwas Neuem führen.
Und es gibt noch eine höhere Liebe als die menschliche. Gottes Liebe bleibt, auch wenn eine menschliche Liebe zerbrochen ist.

Wie kann oder soll man mit einer zerbrochenen Liebe umgehen?

Es ist wichtig, das rechte Verhältnis zum anderen zu finden. Auch wenn nichts mehr in meinem Gefühl dafür spricht, ihn zu lieben, weiß ich, Gott liebt ihn trotzdem weiter. Diese Liebe bleibt, und so kann auch meine Achtung vor dem anderen bestehen bleiben. Ich kann sagen, diese Liebe war gut, und so bewahre ich sie in meinem Herzen.

Wenn ich sehr verletzt wurde, besteht die Gefahr, dass ich das, was einmal ein tiefes Gefühl und eine schöne Verbindung war, schlechtmache. Aber das ist nicht notwendig. Das Geheimnis der Liebe und der Anteil, den ich daran erfahren habe, bestehen weiter. Was von meiner Seite gut war, bleibt gut und ist in der ewigen Liebe Gottes aufgehoben. Das wäre diese Haltung der Einfalt des Herzens. Was ich an Gutem und Schönem erfahren habe, sehe ich dann als Geschenk, genauso wie die Begegnungen, die durch meine Schuld gescheitert sind. Gott war auch auf diesen schwierigen Querwegen bei mir. Wenn ich zu dieser Einfalt des Herzens gelange, kann ich in allem, was mir begegnet, auch einen Gruß von Gott sehen.

Wenn man den Prolog der Regel liest, hat man den Eindruck, das Kloster sei so etwas wie ein Trainingslager für die Liebe, in dem es um die Ausbildung des Herzens geht. Der Mönch soll mit den Augen und Ohren des Herzens sehen und hören lernen. Du selbst trägst einen Ring mit Worten aus dem Prolog am Finger.

Nach der Wahl zum Abt kann man sich einen Wahlspruch aussuchen. Ich habe damals darüber nachgedacht, welche Worte aus der Regel oder der Heiligen

Schrift mich besonders berührt haben. Ich habe mich für *Dilatato corde* entschieden, mit weitem Herzen, weil das für mich das eigentliche Ziel des klösterlichen Lebens beschreibt.

»Keiner darf im Kloster dem Willen des eigenen Herzens folgen.« Warum muss der Mönch, um sein Herz zu weiten, den Willen des eigenen Herzens aufgeben?

Wenn ich mich meinen Wünschen und Begierden überlasse, finde ich nicht zu meinem wahren, göttlichen Selbst und entdecke nicht die Liebe in mir, die alles umfasst. Der eigensüchtige Wille, von dem Benedikt hier spricht, trifft nicht die letzte Tiefe des Menschen.

Du hast den Mönch als einen Pilger beschrieben, der sich auf eine innere Reise begibt. Ist die Suche nach Gott eine Reise zu sich selbst?

Für einen gläubigen Menschen ist die Suche nach Gott und die Suche nach dem wahren Selbst dasselbe. Von Augustinus stammt die Weisung: »Wenn du die Wahrheit suchst, dann gehe nicht den Weg nach außen, denn die Wahrheit wohnt in deinem Inneren.« Ich muss mich meinem Innersten zuwenden, um die Wahrheit zu finden. Wenn du aber dort bist, bei dir selbst, dann übersteige auch noch dich selbst. Wenn ich mich auf mein Innerstes konzentriere, dann spüre ich, dass da noch etwas Größeres ist als mein eigenes Denken und Fühlen. Das ist die Liebe Gottes, der mich mehr liebt, als ich mich selbst lieben kann. Wenn ich sie erfahre, begegne ich etwas, das mehr ist, als ich von mir selbst weiß oder will. Ich begegne meinem besten Ich in mir oder dem, was Gott in mir sieht und aus mir machen will.

Natürlich kann ich das Geheimnis Gottes auch durch jeden anderen Menschen entdecken. Die ganze Schöpfung ist eine Offenbarung des Unendlichen. Aber diese Wirklichkeit tut sich mir auf in meinem Inneren. Mein Inneres ist sozusagen das Aufnahmeinstrumentarium der Liebe Gottes.

Benedikt gebraucht verschiedene Bilder, um das Kloster und den Mönch zu beschreiben. Das Kloster nennt er eine »Schule« und eine »Werkstatt«. Den Mönch vergleicht er mit einem Schüler, der beständig lernt, mit einem Handwerker, der etwas gestaltet, einem Athleten, der mit Ausdauer seinem Ziel entgegenläuft, und einem Kämpfer, der den Weg der Weisung Gottes geht.

Das Kloster ist ein Haus der Übung, ein Haus der Schulung und ein Haus der Bildung, in dem der ganze Mensch gefordert ist. Der Mönch geht im klösterlichen Leben auf etwas zu und übt sich darin, etwas zu gestalten. Das Bild des Läufers beinhaltet, dass er sich dabei schnell und ausdauernd auf sein Ziel zubewegt. Das verlangt Training und Übung.

Diese verschiedenen Bilder umschreiben etwas, was ich mit dem Ausdruck »Haus der Pilgerschaft« gemeint habe. Der Mönch ist ein Fremder und Suchender, der immer auf dem Weg ist, weil er in den endlichen Dingen, wie Besitz, Reichtum oder Wissen, nicht die letzte Erfüllung gefunden hat. Das Kloster ist eine Heimat für seine Heimatlosigkeit, ein Haus, in dem ich bleibe und

Die Werkzeuge der
geistlichen Kunst:
Nicht unaufrichtig Frieden
schließen.
Von der Liebe nicht lassen.
Nicht murren.
Niemanden hassen.

Benediktusregel

im körperlichen und geistigen Tun aushalte, um mich immer weiterzubewegen, um auf der Suche nach Gott immer weiter voranzuschreiten.

Bleiben wir noch einen Moment bei den Metaphern des Handwerks und der Kunst. Was ist das, was der Mönch im Kloster als »Werkstatt« durch den unablässigen Gebrauch der »Werkzeuge der geistlichen Kunst« gestalten soll?

Sich selbst. Und zwar in der Paradoxie, dass er sich selbst gestaltet und doch weiß, dass er eigentlich gestaltet wird. Durch die Gnade Gottes, wenn er es zulässt.

Ein Handwerker bearbeitet und gestaltet ja einen Gegenstand, der Mönch dagegen sein Herz oder seine Seele. Wie kann der Mönch etwas gestalten, was so wenig von ihm getrennt ist?

Dieses Gestalten vollzieht sich in der Begegnung mit anderen. Dadurch, dass ich Teil einer Gemeinschaft bin. Ein Mensch, der ganz allein lebt, kann sich schwer selbst gestalten, weil er nicht angesprochen wird. Deshalb wird in der Aufzählung der »Werkzeuge der geistlichen Kunst« die Nächstenliebe gleich zu Anfang mit der Gottesliebe genannt. Die Gottesliebe bewährt und zeigt sich in der Nächstenliebe.
Ein anderes »Werkzeug« ist: »Nicht unaufrichtig Frieden schließen.« Auch Mönche sind ja Menschen, und auch im Kloster gibt es Auseinandersetzungen und Streit. Aber es geht dann eben darum zu üben, wie ich auf den anderen wieder zugehen und mich mit ihm versöhnen kann. Die Versöhnung wäre so ein »Werk-

zeug«, durch dessen Gebrauch ich mein Herz gestalten und weiten kann. Ich brauche den anderen, um mich in Achtsamkeit oder Geduld zu üben. Deshalb ist für Benedikt die klösterliche Gemeinschaft so wichtig.

Das Kapitel »Die Werkzeuge der geistlichen Kunst« endet mit den Worten: »Die Werkstatt aber, in der wir das alles sorgfältig verwirklichen sollen, ist der Bereich des Klosters und die Beständigkeit in der Gemeinschaft.« Es geht um diese Beständigkeit, darum, auch wenn es Schwierigkeiten gibt, nicht zu murren oder einfach davonzulaufen.

»Nicht mit dem Herzen murren« ist ein anderes »Werkzeug der geistlichen Kunst«. Im Murren oder Unzufriedensein zeigt sich für Benedikt ein Grundlaster. Der Mönch soll den Weg, für den er sich entschieden hat, mit ganzem Herzen, ohne Widerrede und mit Freude gehen. Ich denke, generell ist der Mensch glücklich, der zu seinem Leben, wie es ist, oder zu seiner Aufgabe Ja sagen kann.

Der unglückliche Mensch ist derjenige, der sich und seine Situation mit anderen vergleicht. Mit dem, was er sich vielleicht erträumt hat, oder mit dem, was sein Nachbar erreicht hat. Dann sieht er immer nur das, was fehlt, oder das, worin er vermeintlich versagt hat. Wenn er dagegen Ja sagen kann zu dem Platz, den er jetzt einnimmt, und zu den Fähigkeiten, die er hat, kann er auch zufrieden und glücklich sein. Aus dieser Bejahung des Lebens erwächst eine große Kraft.

Menschen wie Martin Luther King waren nicht zufrieden mit der Welt, wie sie ist, sondern hatten einen Traum und wollten sie verändern.

Martin Luther King hat trotz aller Widerstände nicht resigniert. Er war vielen Anfeindungen ausgesetzt, die ihn beinahe in die Flucht getrieben hätten. Aber dann hat er in sich hineingehört und diese innere Stimme vernommen: »Martin, steh auf, ich bin bei dir!« Er wusste, dass er sein Leben riskiert, aber er hat Ja zu seiner Aufgabe gesagt und sich dem ganzen Hass ausgesetzt, der ihm entgegenschlug.

Darin besteht eben auch die Kunst des Glücklichseins, dass ich annehmen kann, was unvermeidbar ist. Oder wie Thomas Morus es auf den Punkt gebracht hat: »Gott, gib mir, dass ich in der Welt verändere, was ich verändern kann, gib mir, dass ich annehme und bejahe, was nicht veränderbar ist, und dass ich beides voneinander unterscheiden kann.«

Zu den vielen Stimmen im Kopf, die zum Laster des Murrens führen, gehört für Benedikt auch das zu große Misstrauen gegenüber anderen.

Ja, Benedikt sagt zum Beispiel, der Abt des Klosters soll nicht zu *suspiciosus*, zu argwöhnisch und misstrauisch sein, zu viel Verdacht hegen. Wenn ich immer daran denke, was der andere womöglich Böses denkt oder tut, dann komme ich nie zur Ruhe, weil mich diese Gedanken selbst belasten und verändern. Ich muss nicht vollkommen arglos und naiv sein, aber ich kann trotzdem Vertrauen haben.

Wer Gottvertrauen hat, muss nicht mit seinem Schicksal und mit anderen hadern?

Es gehört mit zu dieser Kunst der Einfalt des Herzens, das innere Murren, die Verdrießlichkeit oder den Argwohn zu überwinden, indem wir vertrauen. Dann kann ich auch tun, was mir jetzt aufgegeben ist.

Benedikt will »nichts Hartes und nichts Schweres« in der Regel festlegen. Dennoch kann der Weg des Mönchs »am Anfang nicht anders sein als eng«. Das Herz zu weiten braucht Übung, Ausdauer und Erfahrung. Warum ist Liebe so schwer?

Die Liebe ist nicht einfach so da. Deshalb muss ich sie zunächst ernst nehmen und als eine Aufgabe anerkennen. Das verlangt eine gewisse Anstrengung und Mühe. Benedikt spricht von den zwölf Stufen der Demut, für

Kraft der Stille
Es braucht die Weisheit des Hörens. Benedikt möchte, dass der Mensch mit den Augen und Ohren des Herzens sehen und hören lernt.

die Übung erforderlich ist, bis man auf ihnen aufsteigen kann. Wenn man es aber beständig übt, dann wird das Schwere leicht, und alles, was man tut, geschieht aus Liebe. Demut bedeutet, die *oblivio*, die Vergessenheit der Gegenwart Gottes, zu fliehen. Dazu brauche ich Stille, um überhaupt die Stimme Gottes, die mir den Weg zeigt, hören zu können. Sonst ließe es sich ja auch einfach so dahinleben und ganz in sich verschlossen bleiben.

»Wenn also der Mönch alle Stufen auf dem Weg der Demut erstiegen hat, gelangt er alsbald zu jener vollendeten Gottesliebe, die alle Furcht vertreibt.« Haben Mönche keine Angst vor dem Tod?

Wenn ich bei Gott geborgen bin, kann ich auch im Angesicht des Todes gelassen bleiben. Das ist jetzt so leicht dahingesagt, denn auch ich kann nicht wirklich sagen, ob mir das gut gelingt. Wenn ich weiß, ich habe nicht mehr lange zu leben, ist das sicher zunächst einmal erschreckend, und ich denke, alles ist aus. Aber nach einiger Zeit ist das vielleicht kein absoluter Schreck mehr, weil ich erkenne, dass das Sterben zum Leben dazugehört und ich mit dem Tod noch etwas anderes erwarte. In der Zeit, die mir bleibt, kann ich die einfachen Dinge, wie die Sonnenstrahlen der Morgensonne, noch mal mit ganz anderen Augen wahrnehmen und genießen, weil ich weiß, ich werde sie nicht mehr lange sehen. Nicht mit dem Schrecken, dass es das letzte Mal ist, sondern mit Dankbarkeit, dass mir das jetzt noch gegeben ist, aber zugleich in der Erwartung von etwas noch Größerem.

Diesen Trost hat, wer nicht an Gott glaubt, leider nicht.

Die Frage ist, was Glauben heißt. Wenn ich nicht an etwas Absolutes glaube, dann stellen die irdischen Dinge eine ganz andere Bedrohung für mich dar und gewinnen eine große Macht über mich. Wenn ich mich dadurch definiere, dass ich reich bin oder es zu viel gebracht habe, dann hört, wenn mir das genommen wird, alles auf, und mein Leben wird sinnlos.

Das ist die Last der Verantwortung, die der moderne Mensch in einer Welt ohne Gott trägt. Er muss sich alles, was ihm gelingt oder misslingt, selbst zurechnen. Vielleicht ist Depression deshalb ein verbreitetes Krankheitsbild in der westlichen Welt.

Der Mensch, der selbst alles zu berechnen und sich gegen alles abzusichern versucht, hat natürlich ein qualvolles Leben *(lacht)*. Er muss ja mit seinen Fehlern leben. Er kann sie zwar verdrängen, aber er kann mit dem, was er falsch gemacht hat, nicht richtig umgehen. Er kann zwar leichtfertig sagen, dass jeder eben Fehler macht. Aber wenn es ein schwerwiegender Fehler ist, der sein Leben verändert, dann ist Leichtfertigkeit oder Verdrängung schwer.

In der Nazizeit haben wir als Kinder gelernt: »Reichtum ist manches, Gesundheit ist viel, Ehre ist alles.« Wenn man das, was damals als Ehre verstanden wurde, verloren hat, konnte man sich nur noch umbringen. Wenn ich aber daran glaube, dass es noch etwas Wichtigeres und Größeres als das Ansehen gibt, das ich verloren habe, dann kann ich trotzdem noch meinen Weg weitergehen. Die menschlichen Maßstäbe werden durch Gott relativiert.

Du machst auf uns den Eindruck eines Menschen, der seinen Frieden gefunden hat. Führt Demut zu Heiterkeit?

Die Heiterkeit kommt von der Gelassenheit. Gelassenheit entsteht, wenn ich loslassen kann. Loslassen kann

226

ich, wenn ich erkannt habe, dass es immer noch etwas Größeres gibt als das, woran ich festhalte. Wenn ich an Gott glaube, dann weiß ich, es gibt etwas Wichtigeres als Erfolg oder Besitz. Ich kann auch dann noch heiter bleiben, wenn meine Aktien gesunken sind, wenn ich dieses oder jenes, was ich mir in meinem Leben vorgenommen habe, nicht erreichen konnte oder wenn ich das Gefühl habe, in einer Sache gescheitert zu sein. Trotz all meinem Ärger, den ich gerade habe, und trotz der Schwierigkeiten oder Konflikte, in denen ich stecke, kann ich einen Schritt zurücktreten und lächeln, weil ich weiß, es gibt noch etwas Größeres.

Fällt dir das Loslassen leicht?

Ich spüre immer wieder, dass ich an etwas hänge.

Auch du?

Ja, natürlich. Vermutlich geht es allen so. Wenn ich denke, das oder jenes ist mir jetzt sehr wichtig und ich muss es unbedingt tun oder ich habe doch den oder den Plan, dann merke ich, wie ich in einen inneren Widerstreit gerate. Ich sollte das jetzt loslassen und darauf verzichten, aber irgendwie hänge ich daran. Diese Anhänglichkeit zu verlieren kann man aber üben. Wenn ich mich in solchen Momenten ganz von der Liebe Gottes durchdringen lasse, dann relativieren sich die Dinge wieder. Ich werde gleichgültiger und kann loslassen.

Du hast von der Einfalt des Herzens gesprochen, die zu erlangen ja ein altes mönchisches Ziel darstellt. Was bedeutet sie?

Der Gegensatz zum einfältigen Herzen ist das zerrissene Herz. Das bedeutet, ich bin von vielen Dingen hin und her gerissen. In diesem Zustand des Herzens erscheint alles, die Welt und mein Leben, kompliziert. Einfalt des Herzens meint dagegen, ich habe eine Grundausrichtung oder ein Ziel, auf das hin ich das Vielfältige in meinem Leben ordnen kann. Für den Mönch ist das Gott, dem er sich anvertraut und manches dieser letzten Vollendung übergibt und überantwortet.

Das, was schwer ist im Leben, wird durch die Einfalt des Herzens leicht?

Durch die Einfalt des Herzens kann vieles, was ich tue, immer einfacher werden, wie zum Beispiel das Beten. Anfangs lerne ich vielleicht viele Arten des Betens und Meditierens, weil ich Verschiedenes ausprobiere. Wenn ich aber voranschreite, merke ich, das ist gar nicht notwendig, sondern ich kann mich dem Gebet einfach überlassen, indem ich alles in eine große Haltung hineingebe. Wenn ich zu dem Vertrauen auf Gott gelange, kann ich auch das Verschiedenste, was ich im Alltag tun muss, ruhig auf mich zukommen lassen, weil ich weiß, alles ist bei Gott aufgehoben und in eines eingefaltet. Wenn ich ihn suche, dann werde ich auch den anderen Menschen und Dingen gerecht und kann ihnen entsprechen.

Herz steht für die Mitte der Person. Der Mönch ist auf der Suche nach der Entfaltung seiner Mitte. Was bedeutet dieses Gleichnis?

Der Mönch sucht die Mitte, die alles trägt und zusammenhält, in sich. Man kann diese Mitte Seele oder Herz oder auch anders nennen, aber ich brauche diese Mitte, die das Ganze, was ich bin, zusammenhält, so wie der Mittelpunkt eines Kreises. Diese Mitte in mir finde ich aber nur, wenn ich nach der Mitte von allem suche. Das ist das Geheimnis des Lebens. Der buddhistische Mönch etwa löst sich von den Einzelerscheinungen, um die Alleinheit zu finden.

Das Geheimnis des Lebens
Die Mitte in mir finde ich nur, wenn ich nach der Mitte von allem suche.

Und der christliche Mönch?

Der christliche Mönch findet seine Mitte, indem er das Unendliche in sich entdeckt: Gott ist in mir, sagt Ja zu mir und geht mit mir meinen Weg. Indem ich tief in meinem Inneren spüre, dass er zugleich die Mitte der Liebe und des Weltalls ist, kann ich die Verbundenheit mit allen und allem erfahren. Die Suche nach der eigenen Mitte braucht die Suche nach der Mitte von allem.

In der Umgangssprache ist einfältig ein anderes Wort für dumm. Ist der Mönch ein heiliger Narr?

Ja, das ist immer mal wieder so gesagt worden: »Toren um Christi willen.« Es gibt aber eben die Weisheit des

Toren und die Weisheit Gottes, die weiser ist als die Weisheit der Welt. Eine Kraft, die stärker ist als die Kraft dieser Welt. Das ist im Grunde die Liebe. Wer aus der Gewissheit handelt, dass es etwas über dem Verstand des Menschen gibt, mag in den Augen anderer vielleicht manchmal unvernünftig oder töricht erscheinen. In der Weisheit Gottes, in der Einfalt, ist es aber anders. Ich denke, es zahlt sich für niemanden aus, wenn er bei allem, was er tut, die Welt nur nach egoistischen Zielen zu berechnen versucht.

Glück
Glück bedeutet ein Mensch
der Liebe zu sein.

Sind Mönche glücklichere Menschen?

Glücklich ist ja, wie gesagt, eigentlich der, der Ja sagen kann zu seinem Leben und seiner Aufgabe. Das ist das Ziel des Mönchtums. Glück bedeutet, von einer großen Sache begeistert, ein Mensch der Liebe zu sein. Diese Begeisterung und Hingabe ermöglicht mir, anderes zurückzulassen und darauf zu verzichten. Zum Glück gehört Verzicht. Wer die Berge ungeheuer liebt, lässt die Bequemlichkeit zurück. Im Tal hätte er ein beschaulicheres Leben. Aber er will das Gipfelglück erfahren, und je höher der Berg, desto größer ist die Anstrengung und der Verzicht auf Verschiedenes, was er sonst hätte tun können. Die Hingabe an ein großes Ziel

230

oder eine große Liebe macht es leicht, den bequemen Platz zu verlassen.

»Erkenntnis vergeht«, die Liebe dagegen »hört niemals auf«, steht im ersten Korintherbrief: Sie ist der »Weg, der alles übersteigt«.

Ja, die Liebe ist das Höchste. Der Glaube daran, Berge versetzen zu können, wäre ohne die Liebe nichts.

WEITE DEIN HERZ

Seit acht Jahren besuchen mich Michael Cornelius und Juergen Schlagenhof im Kloster St. Bonifaz und manchmal auch in Andechs. Sie wollten erfahren, ob es, wie in Indien und Tibet, auch in der westlichen Zivilisation klösterliche Weisheit gibt. Und so haben sie mit der Zeit auch an der benediktinischen Weisheit Gefallen gefunden. Aus diesen Begegnungen sind kleine Bücher entstanden. Sie entsprangen dem Interesse, dem Fragen und Suchen dieser beiden Journalisten.

Dabei habe ich zwei Erfahrungen gemacht. Einmal: Ich hätte zu meinen Texten immer wieder gerne etwas hinzugefügt, Erklärendes, Ergänzendes, Missverständnisse Ausschließendes, ich hätte gerne Beanstandungen und kritischen Anmerkungen vorgebeugt. Aber natürlich wäre das ein umständlicher und ermüdender Text geworden. Ich merkte: Viele Leser hatten an der Schlankheit der Texte und an der geschickten Gestaltung der Bücher ausgesprochen Gefallen gefunden. Sie taten sich leichter, in die Bücher hineinzuschauen und an einem Satz oder Wort, das vielleicht ganz einsam auf einer leeren Seite stand, hängen zu bleiben und darüber nachzudenken. Das ist die Kunst der gelehrten Journalisten.

Zum anderen: Was ich da von mir gab, lag nicht schon als fertige Weisheit in meinem Inneren und musste nur abgerufen werden. Im Gespräch mit den beiden, in ihren Fragen erfuhr ich mich selbst immer wieder als ein Suchender, der Neues – auch im Gewohnten – entdecken konnte. Es war immer wieder ein gemeinsamer Weg, so etwas wie ein Pilgerweg, den wir zusammen zurücklegten. Für diesen gemeinsamen Weg bin ich den beiden dankbar. Auf der Suche nach der Wahrheit müssen wir Menschen uns immer wieder gemeinsam auf den Weg machen.

Immer mehr ist mir in meinem Leben und in meinem nun bald 57-jährigen klösterlichen Dasein aufgegangen, dass ich einen Weg gehe, auf dem mich immer wieder ein Anruf erreicht, der mich weiterführt, wenn ich bereit bin zu antworten. Im Prolog der Regel Benedikts hat mich früh das Wort fasziniert, dass im Voranschreiten christlichen Lebens das Herz weit wird. Es ist aus dem Psalm 119 genommen: »Ich eile voran auf dem Weg deiner Gebote, denn mein Herz machst du weit.« Die Weisung Gottes führt aus der Enge und Begrenztheit des Endlichen in die Weite. So werden wir Wanderer zur Unendlichkeit.

Müssten wir dann nicht immer unterwegs sein, nirgends auf Erden zu Hause? Aber um auf dem Weg zu bleiben, brauchen wir einen Halt, Beständigkeit im Voranschreiten, Bindung an das eine große Ziel. Ein anderer Vers aus Psalm 119 brachte mir die erhellende Lösung des scheinbaren Widerspruchs zwischen benediktinischer Stabilität, Sesshaftigkeit und der geistlichen Mobilität, dem immer neuen Aufbruch. Er heißt: »Zum

Lobgesang wurden mir deine Gesetze im Haus meiner Pilgerschaft.«

Auf der beständigen Wanderschaft wird mir der klösterliche Rhythmus, die Ordnung meines Lebens zum Haus, in dem ich bleibe. Dieses Haus entsteht durch das beharrliche Hören auf die Weisung Gottes, auf seine Gebote. Das Nachsinnen über diese Weisungen wird zur Freude, die Antwort auf die Weisungen wird zum Lobgesang. Gut, dass es die Gemeinschaft der Mitbrüder gibt, gut, dass es Freunde gibt, Weggefährten im Fragen und Suchen, im Hören und im Versuch, freudig zu antworten.

Quellen

Die Benediktusregel
BEURONER KUNSTVERLAG

Gregor der Große, *Der heilige Benedikt*
EOS VERLAG, ST. OTTILIEN

Die Bibel, Einheitsübersetzung
HERDER VERLAG, FREIBURG

Die Kunst, den rechten Weg zu finden

»Der Weg allein ist nicht das Ziel. Nur unterwegs zu sein, ohne das Ziel zu kennen, füllt den Menschen nicht aus.« Der Benediktinerabt Odilo Lechner schöpft aus seinem reichen Erfahrungsschatz als Mönch und erzählt davon, wie man das Glück und den richtigen Weg im Leben finden kann. Anhand von Bildern, Gleichnissen und Geschichten lehrt er, die Welt immer wieder in einem neuen Licht zu sehen und sich selbst und anderen zu begegnen.

Abt Odilo Lechner

Wege zum Leben
Benedikts Weisung für die Zukunft

HEYNE‹